汽车先进技术译丛
日本汽车技术协会·汽车技术经典书系

汽车安全技术

[日] 冈　克己　主编
　　 东出隼机

刘璟慧　译

机械工业出版社

《汽车安全技术》是日本国内应用非常普遍的一本技术书籍，内容包括安全技术概要、安全法规的历史背景和未来动向、事故分析的现状、安全技术的现状和安全技术的未来发展。其研究与试验方法贴近工程实际，非常值得国内技术人员阅读借鉴。

Translation from Japanese language edition：自動車の安全技術，自動車技術会編集

Copyright © Originally published in Japan in 1996 by Asakura Publishing Company, Ltd.

Chinese translation rights arranged with Asakura Publishing Company, Ltd. through TOHAN CORPORATION, TOKYO.

All Rights Reserved.

版权所有，侵权必究。

This title is published in China by China Machine Press with license from Asakura Publishing Company, Ltd. This edition is authorized for sale in China only, excluding Hong Kong SAR, Macao SAR and Taiwan. Unauthorized export of this edition is a violation of the Copyright Act. Violation of this Law is subject to Civil and Criminal Penalties.

本书中文简体版由Asakura Publishing Company, Ltd. 授权机械工业出版社在中国境内（不包括香港、澳门特别行政区及台湾地区）出版与发行。未经许可之出口，视为违反著作权法，将受法律之制裁。

北京市版权局著作权合同登记　图字：01-2015-0550号。

图书在版编目（CIP）数据

汽车安全技术/（日）冈　克己，（日）东出隼机主编；（中国）刘璟慧译. —北京：机械工业出版社，2018.7

（汽车先进技术译丛. 日本汽车技术协会·汽车技术经典书系）

ISBN 978-7-111-60067-1

Ⅰ.①汽… Ⅱ.①冈…②东…③刘… Ⅲ.①汽车-安全技术　Ⅳ.①U461.91

中国版本图书馆CIP数据核字（2018）第112141号

机械工业出版社（北京市百万庄大街22号　邮政编码100037）
策划编辑：孙　鹏　李　军　责任编辑：孙　鹏
责任校对：潘　蕊　　　　　　封面设计：鞠　杨
责任印制：张　博
三河市宏达印刷有限公司印刷
2018年7月第1版第1次印刷
184mm×260mm·9.25印张·218千字
0001—3000册
标准书号：ISBN 978-7-111-60067-1
定价：60.00元

凡购本书，如有缺页、倒页、脱页，由本社发行部调换

电话服务　　　　　　　　　　　　　网络服务
服务咨询热线：010-88361066　　　机工官网：www.cmpbook.com
读者购书热线：010-68326294　　　机工官博：weibo.com/cmp1952
　　　　　　010-88379203　　　　金　书　网：www.golden-book.com
封面无防伪标均为盗版　　　　　教育服务网：www.cmpedu.com

序

　　本丛书是日本汽车技术协会主编的汽车技术经典书系，共 12 册。本系列丛书旨在阐述汽车相关的焦点技术及其将来的发展趋势，由活跃在第一线的研究人员和技术人员编写。

　　日本汽车技术协会的主要责任是向读者提供最新技术课题所需要的必要信息，为此我们策划了本系列丛书的出版发行。本系列丛书的各分册中，相对于包罗万象，编者更倾向于有所取舍地选择相关内容，并在此主导思想下由各位执笔者自由地发表其主张和见解。因此，本系列丛书传递的将是汽车工程、技术最前沿的热点话题。

　　本系列丛书的主题思想是无一遗漏地包含基础且普遍的事项，与本协会的"汽车工学手册"属于对立的两个极端，《汽车工学手册》每十年左右修订一次，以包含当代最新技术为指导思想不断地进行更新，而本系列丛书则侧重于这十年当中的技术进展。再者，本系列丛书的发行正值日本汽车技术协会创立 50 年之际，具有划时代的意义，将会为今后的汽车工程、技术，以及工业的发展发挥积极的作用。

　　我代表日本汽车技术协会向所有为本系列丛书提供协助的相关人员，以及各位执笔者所做出的努力和贡献表示衷心的感谢。

社团法人　日本汽车技术协会
汽车技术经典书系出版委员会
委员长　池上 询

前　言

汽车对日本经济的发展做出了巨大贡献，也为人们丰富的生活环境添加了一笔浓墨重彩。而另一方面，被称作第二次交通战争的交通事故死亡人数的增加及环境污染恶化等问题也越来越成为全社会关注的焦点。从1988年开始每年因交通事故死亡的人数超过了1万人，1995年因交通事故而受伤的人数为922677人，达到了近几年的高峰。

汽车与飞机、船舶、火车等交通工具不同，为更多的人所驾驶、利用。因此，要想实现安全的汽车社会，提高汽车驾驶人员的安全意识是基础，而人、车、路三位一体的思考方式是最大限度地发挥各自的作用，实现安全社会的重点所在。

这其中对车辆的要求就是尽可能地减少事故的发生，一旦发生事故要尽可能地减少对人的伤害。从预防事故的角度出发，在感知、判断、操作这一过程中减少驾驶人错误的技术以及发生错误时挽救错误的技术显得尤为重要。另外，从减轻汽车乘员伤害的角度来看，使用安全带是前提，确保乘员的生存空间以及防止或减轻乘员的二次碰撞技术等也非常重要。

本书将针对汽车安全技术相关的理念、汽车已采用的技术、未来技术展望、各国的安全法规、实现安全汽车社会为目的的事故分析等内容，横跨汽车安全等多个领域进行阐述。如本书能得到相关人士的关注及参考，我等将感到荣幸之至。

最后，对于在百忙之中为本书执笔的各位作者表示衷心的感谢。

冈　克己
东出隼机

编 辑 的 话

本书是由日本汽车技术协会组织编写的"汽车技术经典书系"的第 6 分册《自動車の安全技術》翻译而来的。本丛书的特点是对汽车设计、测试、模拟、控制、生产等技术的细节描写深入而实用，所有作者均具备汽车开发一线的实际工作经验，尤其适合汽车设计、生产一线的工程师研读并应用于工程实践！本丛书虽然原版出版日期较早，但因为本丛书在编写时集聚了日本国内最优秀的专家，使本丛书具有极高的权威性，是日本汽车工程技术人员必读图书，故多次重印，目前仍然热销。非常希望这套丛书的引进出版能使读者受益！本丛书由曾在日本丰田公司工作的刘显臣先生推荐，也在此表示感谢！

日本汽车技术协会
"汽车技术经典书系"
出版委员会

编辑委员长	池上 询	京都大学工学部
副委员长	近森 顺	成蹊大学工学部
编辑委员	安部正人	神奈川工科大学
	井上悳太	丰田汽车
	大沢 洋	日野汽车
	冈 克己	本田技术研究所
	小林敏雄	东京大学生产技术研究所
	城井幸保	三菱汽车
	芹野洋一	丰田汽车
	高波克治	五十铃工程技术有限公司
	迁村钦司	新ANSYS有限公司
	農沢隆秀	马自达汽车
	林 直义	本田技术研究所
	原 田宏	防卫大学校
	东出隼机	日产柴油发动机有限公司
	间濑俊明	日产汽车
	柳濑徹夫	日产汽车
	山川新二	工学院大学工学部

主编
冈　克己　　本田技术研究所
东出隼机　　日产汽车
参编
山井利美　　日产汽车
上野裕史　　Nissan Research&Development，Inc.
市川秀明　　日产汽车
饭塚晴彦　　SEMI TOP
菅沢　深　　日产汽车
嶋村宗正　　之前就职于日产汽车
若狭保夫　　日产汽车
妹尾哲夫　　爱知机械工业株式会社
秋叶忠臣　　日产汽车
井上　胜　　本田技术研究所
前田公三　　日产汽车
牧下　宽　　科学警察研究所
鹤贺孝广　　本田技术研究所
奥原久和　　本田技术研究所
久米启文　　丰田汽车
中山知视　　丰田汽车
清水　忠　　丰田汽车
吉次规宰　　丰田汽车
平山正广　　丰田汽车

目　　录

序
前言
编辑的话
第1章　安全技术概要 ………………… 1
1.1　前言 ……………………………… 1
1.2　安全技术的分类 …………………… 1
 1.2.1　汽车安全技术的定位 ………… 1
 1.2.2　事故和伤害发生的过程 ……… 2
 1.2.3　主动安全和被动安全 ………… 2
 1.2.4　驾驶行为分析 ………………… 3
 1.2.5　交通事故调查与仿生学 ……… 4
1.3　主动安全技术概要 ………………… 5
 1.3.1　防止事故于未然 ……………… 5
 1.3.2　事故回避技术 ………………… 7
1.4　碰撞安全技术概要 ………………… 9
 1.4.1　碰撞发生时减轻伤害的技术 … 9
 1.4.2　防止碰撞伤害扩大的技术 …… 11
参考文献 ………………………………… 13

第2章　安全法规的历史背景和未来动向 ……………………… 14
2.1　概要 ………………………………… 14
2.2　各国的状况及今后的动向 ………… 15
 2.2.1　日本 …………………………… 15
 2.2.2　欧洲 …………………………… 22
 2.2.3　美国 …………………………… 28
 2.2.4　大洋洲（澳大利亚、新西兰） ……………………… 33
 2.2.5　其他地区 ……………………… 37
2.3　国际标准的协调动态 ……………… 39
 2.3.1　国际标准的协调 ……………… 39
 2.3.2　标准的协调方法 ……………… 39
 2.3.3　日本针对国际标准协调所采取的对策 …………………………… 40
 2.3.4　联合国 ECE／WP29 的作用 …… 41

第3章　事故分析的现状 ……………… 42
3.1　交通事故的概要 …………………… 42
 3.1.1　日本的交通事故 ……………… 42
 3.1.2　汽车化发展进程及交通事故 … 42
 3.1.3　交通事故的国际对比 ………… 44
3.2　日本及欧美的事故调查分析 ……… 47
 3.2.1　日本的交通事故调查分析 …… 47
 3.2.2　美国的交通事故调查分析 …… 50
 3.2.3　英国的交通事故调查分析 …… 52
 3.2.4　德国的交通事故调查分析 …… 55
 3.2.5　法国的交通事故调查分析 …… 57
3.3　交通事故的再现 …………………… 60
 3.3.1　事故再现的概念 ……………… 60
 3.3.2　事故再现的界限 ……………… 61
 3.3.3　事故再现的过程 ……………… 61
 3.3.4　事故再现的方法 ……………… 62
参考文献 ………………………………… 68

第4章　安全技术的现状 ……………… 69
4.1　前言 ………………………………… 69
4.2　事故预防技术 ……………………… 69
 4.2.1　前言 …………………………… 69
 4.2.2　改善夜视技术 ………………… 69
 4.2.3　确保雨雪天气视野技术 ……… 72
 4.2.4　外界感知技术 ………………… 72
 4.2.5　信息传递、显示技术 ………… 75
 4.2.6　操作系统的安全技术 ………… 77
 4.2.7　轮胎胎压不足警告技术 ……… 77
4.3　事故回避技术 ……………………… 79
 4.3.1　前言 …………………………… 79
 4.3.2　制动性能提升技术 …………… 79
 4.3.3　转弯性能和横向稳定性提升技术 ………………………… 79

4.3.4　轮胎的安全技术 ………………… 85
4.4　减轻碰撞伤害技术 …………………… 87
　4.4.1　前言 ……………………………… 87
　4.4.2　车身结构 ………………………… 88
　4.4.3　乘员保护装置 …………………… 91
　4.4.4　碰撞试验用假人 ………………… 100
　4.4.5　减轻行人及摩托车乘员
　　　　伤害技术 ……………………… 102
4.5　防止碰撞后伤害扩大技术 …………… 104
　4.5.1　前言 ……………………………… 104
　4.5.2　救援性和逃脱性 ………………… 104
　4.5.3　火灾对策 ………………………… 105
参考文献 ……………………………………… 105

第5章　安全技术的未来发展 ………… 108

5.1　汽车安全技术研究动向 ……………… 108
　5.1.1　事故预防技术（认知、判断、
　　　　操作）………………………… 108
　5.1.2　事故回避技术（前进、转弯、
　　　　停止）………………………… 110
　5.1.3　减轻碰撞伤害技术 ……………… 116
5.2　先进的安全技术 ……………………… 123
　5.2.1　前言 ……………………………… 123
　5.2.2　研究开发中的系统 ……………… 124
　5.2.3　各系统的概要 …………………… 125
　5.2.4　小结 ……………………………… 128
5.3　安全的汽车社会 ……………………… 128
　5.3.1　前言 ……………………………… 128
　5.3.2　智能交通系统 …………………… 128
　5.3.3　ITS 的研究开发动向 …………… 129
　5.3.4　与安全相关的 ITS 系统 ………… 133
　5.3.5　小结 ……………………………… 135
参考文献 ……………………………………… 135

第1章　安全技术概要

1.1　前言

纯日本制造的汽车诞生于明治37年（1904年），距今已有一个多世纪了。此后，汽车的保有量在持续稳定地增加，目前日本国内汽车保有量已经超过了8000万辆。从这一数字可以看出，如今汽车已经融入了人们的生活当中，成为人们生活中不可或缺的一部分。汽车的普及更加方便了经济生活和社会活动，使人们的生活更加丰富多彩。渐渐地，汽车除了满足人们日常生活的出行、运输等需求外，也成为很多人享受闲暇时间的兴趣爱好及彰显个性的工具。今后汽车与人们的生活、社会、自然环境会越来越和谐，为丰盈的社会生活锦上添花。

汽车的普及给人们的生活带来诸多方便的同时，交通事故、环境破坏、资源消费、交通堵塞等诸多亟待解决的问题也随之而来。1988年以后日本国内交通事故的年死亡人数已经超过了1万人，改善该社会问题已迫在眉睫。因此，社会上很多人认为汽车更多是给人们带来危害的消费品，进而对其颇有微词。人们在享受汽车带来的好处的同时，不要对汽车的负面问题置之不理。如果不解决汽车所带来的各种问题，那么创造富裕、先进的社会就是一句空话。

本分册将聚焦汽车带来的诸多问题中的安全问题，以解决问题为前提，对开发成长过程中的汽车安全技术现状进行阐述，并对未来的发展愿景进行介绍。

1.2　安全技术的分类

与汽车有关的技术几乎都是以安全、稳定地行驶为目的进行开发并发展的，因此，如果以汽车安全技术为切入点来进行整理，那么，几乎包含了所有的与汽车相关的技术。目前，尚未针对该领域对安全技术进行系统的分类。很多汽车厂家在进行广告宣传时会按照自己公司的标准对安全技术等进行分类整理，但是在整个汽车产业中还没有形成通用的版本。因此，本分册技术分类是基于安全技术人员之间共通的观念对技术范围进行定义的，希望读者将重点放在技术内容的介绍上。

1.2.1　汽车安全技术的定位

在人们生活的环境中，部分道路只允许车辆通行，一般的道路均是各种大型/小型汽车、摩托车及自行车、行人的混流。在这种复杂的交通环境下，要构筑安全无事故的汽车社会，需要从人、车、环境三方面着手进行平衡，三者相互间的关系如图1-1所示。

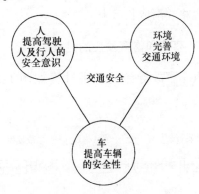

图1-1　交通安全与人、车、环境之间的关系

以人与交通安全的关系为例进行简单的说明。为了提高驾驶人及行人的安全意识，各种培训、学习活动也应运而生，交

通安全意识逐步得到强化。另外，驾驶学校内也针对驾驶证持有者开办了驾驶技术讲习会和应急急救操作讲习会。在德国，以人为中心的有关降低交通事故死亡率的各种活动也越来越受到重视，并取得了非常显著的成果。

在环境方面，采取人行道与车行道分离、设置过街天桥及完善信号灯设置等改善交通环境的对策。最近，非行驶车辆造成的事故越来越多，完善停车场设施等也是降低事故的有效方法。另外，城市交通问题也备受关注，为了缓解城市道路交通堵塞问题，启动科学的交通管制系统，有效地管理交通流、使道路畅通已经成为现今的重要课题。

在车辆方面，主要是对汽车本身采取的安全对策，这一点将在后面的内容中详细说明。

在安全方面，虽然人、车、环境三者看上去是各自独立的存在，但事实并非如此。以未来的安全技术为例，通过道路与车辆之间的通信，在交叉路口及转弯处等视线受阻的地点，能够向驾驶人发出警告的安全系统，便是车与环境相结合的综合性手段。今后，人、车与环境三者相结合的综合性安全手段也将逐渐成长起来。

1.2.2 事故和伤害发生的过程

汽车事故导致的伤害过程如图1-2所示。

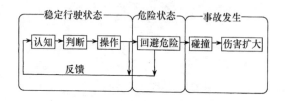

图1-2 事故发生的过程

驾驶人对道路情况、周围车辆情况、已方车辆行进情况应有正确的认知，进行恰当的判断，采取必要的驾驶操作，如果这一系列的行为能够稳定地进行，那么将在很大程度上降低事故发生的概率，实现安全行驶。但是，如果这一过程中某一环节出现了问题将会陷入危险境地，为了脱离危险境地需要采取一定的回避事故的操作，一旦事故规避操作迟缓则很可能酿成不幸的事故。

当发生事故时，碰撞产生的冲击力可能会对车内乘员造成二次冲击，而不使用安全带会有可能在事故发生时冲出车外。另外，被碰撞的行人和车辆内的乘员一样也会受到碰撞冲击力的伤害。而且车辆碰撞事故的后果不仅仅停留在事故车辆上，一次碰撞事故往往会诱发其他的事故，比如碰撞后燃料泄漏而导致车辆失火使得事故伤害程度扩大。

所谓汽车的安全对策就是在起/停这一系列的过程中去除事故发生的诱因或者有可能导致乘员受伤害的要因，为此，很多厂家机构开发出了多种多样的安全技术并在车辆上加以应用。另外，汽车并不仅仅采用安全技术，对事故发生及受伤原因进行调查的事故分析技术、调查人类耐性及特性的仿生学及与医学相关的技术等各种领域的技术都在车辆上有所应用，并孕育出了更新的汽车安全技术。

1.2.3 主动安全和被动安全

汽车安全技术可以按照针对事故及其伴随的伤害过程所采取的技术进行分类。

一种分类方法是将事故发生的过程按照事故前（pre-crash）、事故中（crash）和事故后（post-crash）3个阶段分类，并针对每个阶段采取相应措施。美国的Federal Motor Vehicle Safety Standard（FMVSS）就采用了该种分类方法。FMVSS标准编号中100开头的是以事前事故预防为目的的标准；200开头的是以降低事故过程中伤害为目的的标准；300开头的是防止事故后伤害扩大的标准。

另一种分类方法是将事故发生时和事故发生后作为一个过程，按照事故前和事故后进行安全技术分类。在欧洲多采用此种分类方法。事故前安全技术是指规避事故的安全技术，即积极地或主动地防止事故发生的技术，也叫主动安全技术或预防安全技术。

另一方面，归类于事故后的技术是指将事故造成的伤害控制在最小的安全技术，该技术属于事故发生后的被动性安全技术，也叫碰撞安全技术或者被动安全技术。

主动安全技术和被动安全技术这一分类方法不仅局限于汽车的安全技术分类，道路环境安全技术分类也采用此种分类方法。为加深理解，将安全技术分类细分为图1-3所示的项目。被动安全技术分为图1-2中的维持稳定行驶状态的防患于未然的技术和摆脱危险状态的事故回避技术。被动安全技术可大致分为碰撞时的减轻碰撞伤害的技术和碰撞后防止伤害扩大的安全技术。在本书中是基于此种分类方法进行阐述的。

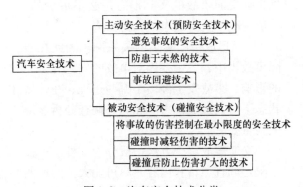

图1-3　汽车安全技术分类

［山井利美］

1.2.4　驾驶行为分析

在汽车的主动安全技术方面，人的驾驶行为分析是非常重要的，需要进行各个层面的分析。

a. 交通流分析

最宏观层面的分析是将人和汽车作为一个子系统，将各子系统的集合作为整个交通流来进行分析。

在该分析中，要对车群的内部结构及车群整体的动态、交通流中人与汽车间的相互作用、信号控制与拥堵的关系等进行分析。进行主动安全技术分析时，主要进行车群内的车间时间（车间距离/车速）的分布及车速的分布等分析。

b. 控制模型分析

与交通流分析相反，是将人与汽车这一子系统中的人与汽车分离开，如图1-4所示，分别通过传递函数模型化，利用控制理论进行分析。其优点是可以利用计算机进行模拟，并进行定量分析。

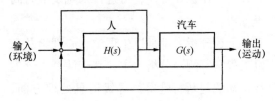

图1-4　汽车控制模型

该分析方法主要是针对人的转向控制相关的分析，进行了多轮讨论，准备了多个驾驶人模型提案。

不过由于人的操作活动具有非线性特性，而且过程复杂，很难实现精确的分析。近年来，驾驶人模型越来越接近人类的真实活动，因此利用模糊逻辑（Fuzzy Logic）及神经网络（Neural Network）进行分析的案例也越来越多。

c. 行驶性能分析

主动安全技术中主动安全领域最有效的分析方法可以说是关于人与汽车整体的综合反应，即关于驾驶性能的分析。

该分析方法是指，针对减速时机、跟随行驶转换、车间时间设置及分布特性、相对于对面直行车辆的右转弯时机、直接驾驶性能等特性进行分析。

另外，实现驾驶性能的驾驶人如何进行

处理参照图 1-5。如图 1-5 所示，可以将驾驶人的处理过程进行分割，根据分割后的各个过程相关的特性进行驾驶性能特性分析。

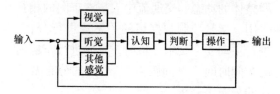

图 1-5　驾驶人的处理过程

例如在视觉方面，可进行视力、视野、视线转移等特性分析；在认知方面，可进行速度认知及距离认知精度、运动认知等特性的分析；在操作方面，可进行知觉反应时间等分析。

上述分析大都是以生理学、心理学及人机工程学等侧面分析为主，基于注意力分配及认知的判断特性等高等级信息处理方面，有的判断分析采用了模糊逻辑方法，但是分析实例非常少。人类高层次信息处理性能以及人为错误分析等有望在认知科学等新的学术领域有所创新。

d. 驾驶模拟器的利用

将驾驶行为分析应用于主动安全技术时，需要对正常状态下的人与汽车的动态安全性进行研究。

在复杂条件下，分析实际道路环境中驾驶人的认知、判断、行为与安全性的关系时，如果仅在实验室内进行视觉特性试验等单一条件下来把握人类的特性是有一定局限性的，对实际道路上发生的现象进行实地深入调查是非常重要的。

但是，实地调查无法自由地进行条件设置，而且收集危险场面的数据也需要庞大的劳动力。为此引入了图 1-6 所示的驾驶模拟器，以期在各方面都达到与实际情况更加匹配的效果。

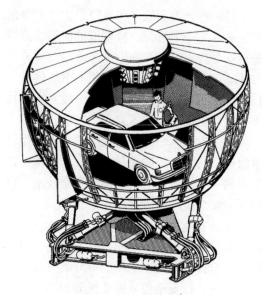

图 1-6　驾驶模拟器

［上野裕史］

1.2.5　交通事故调查与仿生学

a. 交通事故调查

要想迅速推进有效的交通事故对策，准确把握交通事故的实际形态是必不可少的。一般情况下，交通事故均是由人、车、环境 3 个要因形成错综复杂的关系网。因此在实际事故当中，各个要因对事故的发生有多大的影响、事故发生经历了哪些过程、在什么状态下对人造成伤害等相关的调查分析显得尤为重要。

交通事故调查方法一般分为 2 种：一种是限定调查项目和内容，尽可能大范围地调查较多的事故实例；另一种是针对特定的事故进行详细的事例调查。前者一般主要用于统计该国事故发生情况的统计数据，后者主要用于研究事故发生后具体的事故预防对策及伤害减轻对策。

另外，为了有效利用事故调查结果，对事故种类进行了分类，并按照事故的严重性及伤害程度形成并完善了不同体系的标准。此外，事故再现技术和安全对策也在不断研究和发展中，可以根据事故调查的信息再现事故前后的车辆动态,能够更加详细地进行事故分析。

b. 仿生学

车身结构开发涉及载荷、位移、应力等工程学方面的信息知识。在推进减轻乘员伤害程度的方法时,要明确伤害发生机理以及极限伤害载荷等条件,还要取得相关的工程学信息。这种不以医学为目的,而是将人作为机械工程学研究的对象就是所说的仿生学。

仿生学研究中,尺寸、重量、形状这些基本数值自不必说,针对包含碰撞响应特性在内的特性研究,专门设计开发了假人(测量用人体模型),对乘员受伤过程进行再现并评价。根据乘员不同的年龄、性别、体型以及车辆的碰撞条件等开发出了各种不同的假人。

伤害评价中常用的一个重要因素就是对伤害极限值进行规定的伤害耐性值,该数值是在对事故调查得到的伤害数据进行研究后得到的。很多的研究需要通过尸体试验进行。

伤害机理分析以及伤害耐性的分析大部分是需要志愿者或者尸体试验进行的,但是试验体来源有一定的局限性,不同年龄、性别、身高、体重的试验体则更加求全,这也成为研究工作中很难解决的课题,特别是儿童的试验体获取更加困难,因此仿生学数据也相对较少。

[市川秀明]

1.3 主动安全技术概要

主动安全技术大致可分为避免陷入危险境地的防患于未然技术和已经面临危险场面可以避免事故的事故回避技术。

1.3.1 防止事故于未然

驾驶人的驾驶行为分为对环境及汽车信息的认知判断及之后的驾驶操作。防患于未然技术也可以称之为简化并规范驾驶行为的技术。防患于未然技术的分类如图1-7所示。

a. 辨识度

驾驶人在行驶过程中,可通过行驶环境、车内显示装置等获取视觉信息。汽车行进过程中,要求驾驶人不仅要关注前方视野,后方和侧面也要充分注意。另外,驾驶环境不只限于晴好的白天,夜间、雨雪天气等也不可避免,这就要求在各种环境下均要确保驾驶人的视野清晰。

如何让附近的车辆意识到自己车辆的存在,告知对方车辆自己车辆下一步的动向,这是实现顺畅交通环境的重要条件,为此,车辆配置了后视镜、后尾灯、制动灯以及转向灯等,现在正在讨论开发能够与附近车辆交换信息的装置。另外,车速信息以及各种显示装置也要能够让驾驶人在开车过程中迅速、准确地辨识,以免影响驾驶人正常驾驶。

要想实现上述功能的汽车视野及显示装置的开发,需要能够对人类的视觉特性进行把握的基础技术,以此为基础对辨识度评价技术及其他必要的技术进行分类。图1-8所示为提高辨识度相关的技术。

b. 听取性

人在驾驶过程中的信息几乎都来自视觉,而视觉信息最大的弊端在于无法向驾驶人传递视线以外的信息。而听觉信息则不受视线方向的影响,能够传递到驾驶人的耳朵。

c. 操作性

针对操作系统,人们希望能够实现轻松、快速的操作,即便在开车的时候也不会发生误操作。汽车的操作系统可以分为与汽车操纵相关的操作系统和音响等的开关类操作系统。

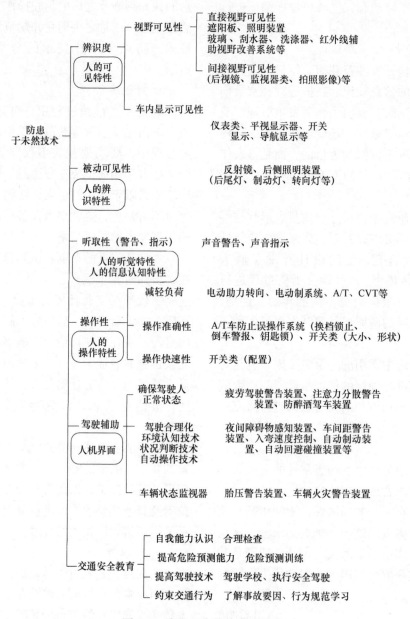

图1-7 防患于未然技术的概要

与操纵相关的操作系统需要将操作与车辆运动的关系以及人作为一个整体来研究，而开关按钮类的操作系统需要在驾驶人开车的过程中也能够轻易地辨识位置、方便操作，尽可能不影响驾驶人的驾驶操作。操作性相关的技术同样以把握人类的操作特性为基础技术，并对评价技术等进行分类。

d. 驾驶辅助技术

（i）驾驶人的状态警报装置 无论辨识度及操作性多么出色的车辆，如果驾驶人疲劳驾驶或者注意力不集中，都无法实现安全驾驶。这本来是驾驶人主观能动性问题，如今由于汽车智能化的发展，避免驾驶人陷入危险状态的驾驶辅助装置的开发也迅速地发展起来了。

另外，避免驾驶人陷入疲劳驾驶状态以及陷入疲劳驾驶状态后如何清醒等试验方案也处在研究阶段。

（ii）车辆危险状态警告技术　危险警告装置能够及时检测出由于某种原因导致轮胎胎压降低以及发生火灾时，车辆是否处于危险状态。

（iii）其他驾驶辅助装置　人的驾驶能力因人而异，不同年龄层、驾驶时的身体状态以及心理状态等都会影响人的驾驶能力。

汽车的智能化对驾驶人操作有很大帮助，而便于驾驶操作的技术开发也在如火如荼地进行着，例如汽车自身进行认知、判断、操作的环境识别技术，行驶情况判断技术，自动操作技术，信息提供技术等各种自动操纵相关技术，以及便于人接受的人机交互技术等。

e. 安全教育

减少交通事故发生的一个非常重要的要素就是让驾驶人安全驾驶汽车和行人安全行走。

为此，不仅要提高人们的安全意识，还要加强人们对容易导致事故的原因的理解，提高事先察觉危险的能力和知识，提高驾驶技能以及正确认识自身的能力，进行多方面的教育培训。图1-9所示为采用最新电子技术的驾驶模拟器，可以体验各种危险场面。

［饭塚晴彦］

	照明装置	刮水器、洗涤器	后视镜类	玻璃	仪表、监视器显示
装置技术	光学设计技术 新光源技术 控制技术 车辆姿态测量技术	结构设计技术 橡胶材料技术 雨滴感知技术	光学设计技术 反射率可变材料技术 光感知技术	斥水技术 除霜技术	光学设计技术 HUD技术 远方显示技术
可见度评价技术	配光评价技术 眩目评价技术 被动可见性 （距离、速度感知评价技术）	刮扫性能评价技术	视野评价技术 （视野范围、品质） 眩目评价技术 距离、速度感知评价技术	视野评价技术	读取特性评价技术 驾驶视野认知评价技术
基础技术	人的视觉特性（中心视觉、周边视觉、眩目、最小可觉差、距离感、速度感）				

图1-8　提高辨识度相关技术实例

图1-9　安全驾驶培训用驾驶模拟器

1.3.2　事故回避技术

从车辆的运动性能来看，事故回避技术可以划分为2类，一是运动性能提升技术，二是减轻驾驶负担技术。

运动性能提升技术可以直观地理解为2WD无法实现的冰雪路面高通过性，4WD可以轻松实现。另外，减轻驾驶负担技术，比如冰雪路面急加速时通过牵引力控制系统避免打滑等技术，虽然对专业驾驶员来说不是问题，但是如何让普通开车的人也能够完成较难的驾驶操作则是需要考虑的问题。

每个重要的技术都不可能孤立存在，也无法严格地进行分割。从技术动态来看，以往一直是运动性能提升技术占主流，现在逐渐在向减轻驾驶负担技术方向转变。本章针对相关技术与安全方面的内容进行介绍，其他具体技术内容的介绍在其他章节有详细地描述。

a. 运动性能提升技术

不言自明，该技术是为了回避事故的碰撞，但并不仅仅于此，具体如图1-10所示。

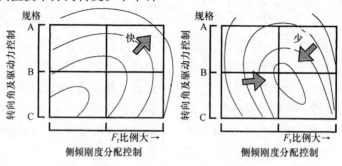

图1-10　开环特性与闭环特性

这是对搭载了各种运动性能提升系统的综合控制车辆进行试验的结果。在指定的场地以尽可能快的速度行驶，图中显示的是平均车速与驾驶人踩踏加速踏板的频率。受运动性能提升技术影响的性能主要表现在平均车速的高低，受减轻驾驶负担技术影响的性能主要表现在驾驶人操作频率的多少上。

从结果可以看出，能够高速行驶的运动性能较高的车辆未必操作频率低，驾驶负担也不一定小。在对事故回避性进行整体考虑的同时，不仅需要运动性能提升技术，为了减少驾驶人的错误操作，还要重点关注减轻驾驶负担技术。

b. 减轻驾驶负担技术

在考虑驾驶负担之前，先来整理一下驾驶人的操作行为。

驾驶人的操作行为大致可分为"认知、判断、操作"3个步骤。如图1-11所示，判断可进一步细分为2个方面。

判断1：路线选择判断。

判断2：驾驶操作量的判断。

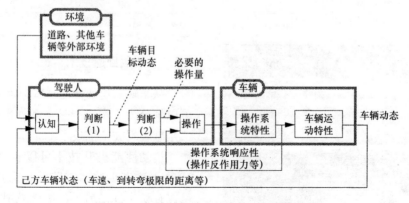

图1-11　驾驶时驾驶人的认知、判断和操作

路线选择判断是指根据道路和其他车辆等的外部环境以及包含车速在内的己方车辆的情况，判断己方车辆应选择的行驶路线及应达到的目标车速。驾驶操作量的判断是指进行路线选择判断后，为实现这一目标而应采取的驾驶操作及操作量。

研究事故的原因，不难发现，不外乎驾驶人的4个操作行为（认知、路线选择判断、操作量判断和操作）中的某一环节出现了失误。而认知错误基本上属于防止隐患事故领域，这里不进行叙述，以下对其他3个操作行为进行说明。

（i）路线选择判断　交叉路口事故及追尾事故的原因基本上都是己方车辆没有采取正确的动作，也就是路线选择判断失误导致的。

为了使路线选择变得容易，辅助认知外部环境是非常必要的，该项内容也属于防止隐患事故领域，因此也不赘述，此处省略。对于车辆运动性能来说，如何更容易地让驾驶人了解自己车辆的状况非常重要。特别是当车辆性能达到极限时能够及时通知驾驶人，避免非正常操作意义非常重大。

虽然提到辅助方法，人们总会想到"通过转向盘操作时的反作用力判断""增加车辆的滑移角"等，但是并没有形成可操作性较强的理论，更像是设计时的调校技巧。

（ii）驾驶操作量的判断　车辆旋转或者撞到弯道路边的护栏等就是常说的操作失误，可以看成是驾驶操作量判断错误。

要想使驾驶操作量的判断更加简单，需要维持稳定的特性，使车辆不受行驶条件及路面状况的影响；使车辆保持线性特性，更易于预测；提高车辆稳定性及响应性，提高人车系统整体的稳定性，避免多余的操作等。

其中维持稳定的特性这一点单从轮胎特性来讲就很难实现，因此应该说是确保特性的变化更容易让人接受和把握。

（iii）操作　操作简便性方面可以首先考虑电动助力转向等电动辅助装置。现在已经过了单纯辅助的年代，如今关注的是如何优化操作力特性，特别是转向盘的操作力特性，这对于驾驶的难易度影响非常大。

［菅沢深］

1.4　碰撞安全技术概要

可将事故伤害控制在最小限度的碰撞安全技术如图1-12所示，大致可以分为2类，一类是碰撞时的安全对策，即减轻碰撞过程中伤害的技术，一类是以防止碰撞后发生火灾为目的的碰撞后防止伤害扩大技术。而减轻碰撞时伤害技术又分为保护汽车内部乘员的乘员伤害减轻技术和减轻行人及摩托车乘员伤害的技术2类。

1.4.1　碰撞发生时减轻伤害的技术

a. 减轻乘员伤害的技术

减轻乘员伤害的技术由2部分组成：一部分是通过车身有效地吸收碰撞能量，确保足够的生存空间，以期实现缓和对乘员的冲撞的车身安全技术；一部分是防止或减轻碰撞时车内乘员撞到车内部件的乘员保护技术。

（i）车身安全技术　车身安全技术最大的课题是在确保乘员不飞出车外的同时，通过车身变形吸收碰撞能量，确保乘员的生存空间，最大限度地缓和对乘员的冲击。

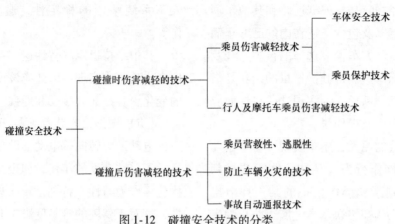

图 1-12　碰撞安全技术的分类

防止乘员飞出车外最基本的措施是使用安全带，同时防止车辆侧门打开及防止前风窗脱落等也需要考虑。另外，为了缓和对乘员的冲击及确保乘员的生存空间，车身前后都应进行变形设计，发生碰撞时通过变形有效地吸收碰撞能量，而且还要对驾驶室的结构部分进行强化，也就是常说的碰撞缓冲车身结构。通过抑制驾驶室部分的车身变形，防止转向盘等对乘员的碰撞，为切实发挥约束装置的作用，安全带固定部分的结构也要考虑用不易变形设计。车辆装备的车身安全技术的概要如图 1-13 所示。

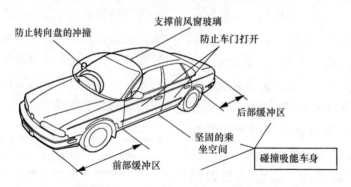

图 1-13　车身安全技术的概要

（ⅱ）乘员保护技术　乘员保护技术的关键课题在于防止乘员飞出车外，在限制乘员动态的同时，通过约束装置有效吸收乘员的冲撞能量，缓和碰撞时内饰件对乘员的二次冲击力。

为此，人们率先开发了安全带和安全气囊，并针对碰撞形态及乘员体格进行了详细的分类对应。车辆装备约束装置的概要如图 1-14 所示。

另一方面，由于约束装置与乘员直接接触，不仅要考虑安全因素，舒适性及便捷性更是不可忽视的。

b. 减轻行人伤害的技术

碰撞后接触车辆正前方的行人的动态如图 1-15 所示。骑自行车及摩托车的人的动态基本上如图 1-15 所示，首先与车辆发生一次碰撞，行人再次与车辆相撞称为二次碰撞，然后跌落地面称为三次碰撞。

对于行人接触的车身正面结构，最理想的是能够有效地吸收碰撞能量，缓和对行人的冲击力，具体来说就是避免一次碰撞后行人加速移动，吸收二次碰撞时行人的运动能量。

第1章 安全技术概要

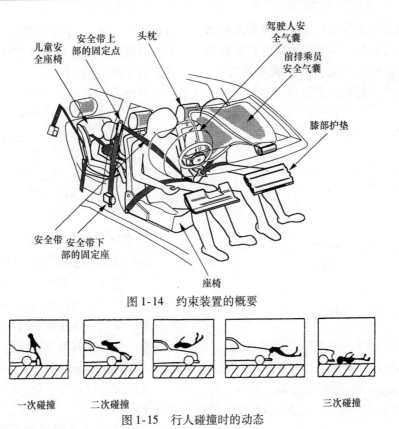

图 1-14 约束装置的概要

图 1-15 行人碰撞时的动态

图 1-16 所示的汽车与摩托车及自行车碰撞与车辆侧面碰撞的摩托车可用同样的碰撞过程描述，即一次碰撞定义为摩托车前轮与车辆侧面碰撞，之后摩托车驾驶人与车辆接触定义为二次碰撞，最后跌落地面称为三次碰撞。此处的二次伤害程度也会受到车身结构的影响。

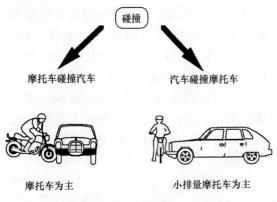

图 1-16 摩托车与车辆碰撞的实例

[嶋村宗正]

1.4.2 防止碰撞伤害扩大的技术

发生碰撞后，伤害最严重的情况莫过于车辆失火。车辆失火后不仅对碰撞车辆造成损害，周围的车辆及环境都会受到影响，因此，要切实防止车辆火灾的发生。提到防止伤害扩大对策，首先想到的就是防止火灾技术。

另外，在发生火灾的情况下，要第一时间迅速抢救受伤人员，这就要求事故车辆的营救性和逃脱性技术的开发和完善。

未来，通过车辆事故时的自动通报等先进技术的开发，尽早抢救被困人员以及确立急救医疗体制，最大限度地减轻乘员伤害程度。

a. 碰撞后防止火灾

如图 1-17 所示，在日本，车辆火灾事故每年约有 150 件，其中致死事故约 50 件。车辆发生火灾的原因有：①配线、电气系统

11

短路；②供油系统漏油；③排气管等高温部位与可燃物接触等。事故发生后的对策有消除火源、防止燃料泄漏、防止火势扩大等。下面对防火技术的要点进行介绍。

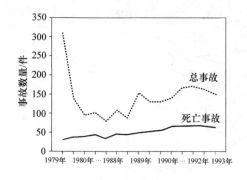

图1-17 车辆火灾事故数量

（i）消除火源 对于车身的边缘部位、排气管等热源附近的配线及电气系统，需要采取不易短路及合理的布置方案。另外，要选择合适的熔断器，并考虑合理的布置位置。

（ii）防止燃料泄漏 一旦供油系统发生燃料泄漏，由于电气系统受损产生的火花以及与路面接触产生的火花等就成了导火索，最终导致火灾的发生，因此，在设计时必须要注意燃料箱及其周围的结构、加油口周边、燃料配管、发动机舱内供油系统的设计，防止碰撞时造成上述部分的损伤。

（iii）防止火势扩大 火灾发生后，为了防止火势的蔓延，在发动机舱或行李箱与驾驶室间设置了防火墙，尽量减少与车内相通的开孔的数量。另外，玻璃的设计方案也能够在一定程度上抵御车外发生的火灾向车内蔓延。因此在设计玻璃时要考虑其不易破损及不易脱落。

b. 救援性、脱险性

发生事故后，为便于车内乘员逃脱，车门最好能够在不依靠工具的前提下用人力开启，这样一来，首先就要对立柱、顶部横梁、门槛等车门结构框体进行强化，使其在碰撞时不易变形。

另外，为了确保车内乘员的生存空间，对于全排座椅靠背及座椅滑动部位也要进行强化，使其在碰撞时不易变形。

而且，为便于车内乘员逃脱，还要确保碰撞后安全带容易拆解，座椅靠背及座椅滑动部位也要容易搬移。

［若狭保夫］

c. 事故自动通报系统

事故自动通报系统属于防止碰撞后伤害扩大的技术之一。随着导航系统和安全气囊的普及，车辆位置传感器及碰撞传感器成本也越来越低。目前正在进行研究，利用这些传感器的信号实时地掌握发生事故时事故车辆的所在位置，将该事故信息发送到运营中心，这样运营中心可以第一时间请求警察或急救车辆出动。

车辆搭载的通报系统由以下各部分构成：检测有无事故发生的碰撞传感器、检测本车位置的传感器（通过GPS传感器或者导航地图匹配预测当前所在位置）、驾驶人可手动输入受伤情况等的按钮、车辆与运营中心相连通的通信设备（车载电话等）。运营中心通过无线接收器接收事故车辆发送来的事故信息，将监控画面显示在计算机和显示器上，并通过检索系统搜索最近的警察局、消防局、医院、JAF（日本汽车联盟）等，这一复杂过程如图1-18～图1-21所示。当然，该系统实现实用化尚待解决的问题很多，一旦该系统实现实用化，将大大提高对受伤人员的救助效率，对于提高碰撞后的安全性有非常大的贡献。

［妹尾哲夫］

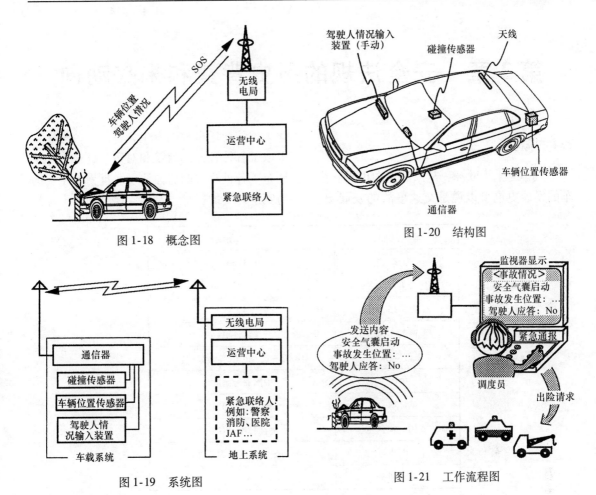

图 1-18　概念图

图 1-20　结构图

图 1-19　系统图

图 1-21　工作流程图

参 考 文 献

[1] 安全・円滑・快適な道路交通を目指して，東京，全日本交通安全協会，p.1-16（1994）
[2] 近藤：自動車の操舵と運動間に存在する基礎的関係について，自動車技術会論文集，No.5（1985）
[3] 吉本：自動車運転者の操縦動作のモデリング，人間工学，Vol.18，No.6（1982）
[4] H. Ueno et al.：Analysis of Accidents in Right Turns Using a Fuzzy Logic Simulation Model, The 13th ESV Proceedings（1991）
[5] 藤岡ほか：神経回路網（ニューラルネットワーク）を利用した運転者モデルの研究，自動車技術会論文集，Vol.22，No.2（1991）
[6] ダイムラーベンツ広報資料

[7] 金田ほか：居眠り運転警報システムの開発，日産技報，No.34（1993）
[8] 三菱プレシジョン株式会社，ドライビングシミュレータパンフレット
[9] 日本自動車工業会：歩行者対策実験報告書要報（1968.8）
[10] M. Danner et al.：Accident of Motorcyclists－Increase of Safety Technical Measures on the Basis of Knowledge derived from Real-life Accidents, The 10th ESV Proceedings（1985）
[11] 全日本交通安全協会：安全・円滑・快適な道路交通をめざして，トラフィックグリーンペーパー，p.110（1994）
[12] 河合ほか：事故自動通報システムの開発，日産技報，No.37（1995）

第2章 安全法规的历史背景和未来动向

2.1 概要

汽车诞生于欧洲，从欧洲走向世界。汽车的发展史也可以说是交通事故的发展史。

为了预防交通事故的发生，各国、各地区都采取了各种各样的政策和对策，针对汽车也颁布了各种相关的法律法规。世界上主要的与安全有关的标准、制度等参见图2-1。

国家和地区	标准、制度
加拿大	CMVSS
美国	FMVSS
欧盟15国	WVTA
南美4国	汽车认证协议
俄罗斯	GOST-R（以ECE为基础）
中国	中国商检制度
日本	日本保安标准
GCC 6国（海湾六国）	海湾标准（GS）
南非	SABS（以ECE为基础）
澳大利亚	ADR

图2-1 世界上主要的有关安全的标准、制度

回首日本过去30年间的交通事故，每年因交通事故死亡的人数超过了一万人。日本通过提高驾驶人素质，改进汽车结构，充实安全带、安全气囊等安全装备，改善道路结构及信号种类等交通环境一系列的努力，终于在各个领域均收到了很好的效果。

在汽车发展较为先进的EU（欧盟），由于各加盟国之间的事故死亡人数差别较大，EU各成员国针对特有的道路环境整备及交通管理等采取了一系列措施，并以EU的名义推进各种项目活动以减少死亡事故的发生率。

关于汽车法规方面，EU于1993年导入了针对新型汽车的WVTA（统一形式认证制度），以期实现法规要求的统一化，并且，当时计划该认证制度在几年后应用在商用车上。

随着与东欧各国经济交流越来越频繁，欧洲的国境对汽车已经失去了意义，法律法规的标准协调已经被东欧各国接受。

美国的安全法规发展也已经经历了30多年的历史，不过为了方便各位读者对技术内容研究过程的理解，主要还是以日欧的技术性研究内容为主进行叙述。从美国国内交通事故形态特征来看，美国在对驾驶人等车内乘员的保护方面下了很大功夫，而对行人防止事故发生等方面并没有投入太多的精力。

另外，美国与日欧相比较，道路环境及交通流条件等差别很大，法规制定顺序方面

也不尽相同，可以说美国在国际标准协调活动中表现得并不积极。

国际标准协调的一个首要目标就是实现基于人碰撞特性的允许值及相应试验方法的国际性统一，而联合国欧洲经济委员会下设的车辆结构工作组（ECE/WP29）就是进行相关法规协调研究的机构。

日本积极参与了 ECE/WP29 的各种国际标准协调活动，亚洲各国、中东（GCC 6 国）以及南非等对 ECE 法规均表示出了浓厚的兴趣。国际标准协调活动将成为全世界范围内的活动，预测今后美国、澳大利亚等国也会积极加入进来。

2.2 各国的状况及今后的动向

2.2.1 日本

a. 安全法规的历史

日本关于汽车结构及装置的安全性，可以追溯到 1903 年（明治 36 年），当时日本以各府县为单位制定了较简单的结构标准。1919 年（大正 8 年）由内务省颁布了全国统一的汽车监督管理令（制动系统、变速器、油箱等的相关规定），各府县的警察作为道路交通管理的重要一环，对汽车进行定期检查。此后的 1933 年（昭和 8 年），日本对汽车监督管理令进行了强化（有关长、宽、高、最小转弯半径、主制动器、前照灯的规定）。第二次世界大战后，日本将与汽车安全相关的行政统一划到运输省管理。1947 年（昭和 22 年），制定道路运输车辆法，成为第一部独立的与汽车安全相关的法律。

同一年，运输省为了确保汽车的安全，基于此前的道路运输车辆法，制定了《道路运输车辆保安标准》，对确保汽车安全所必需的最基本结构、装置及性能等的相关标准进行了规定。该保安标准制定以来，以交通事故实态、汽车使用情况、国外各汽车安全标准动态、运输大臣的咨询机构——"运输技术审议会"的汽车安全标准扩充强化目标为依据，逐步地进行了完善和补充，且沿用至今。以下为过去 3 次运输技术审议会报告的内容概要。

（1）1972 年运输技术审议会报告《汽车安全标准第一次扩充强化目标》。

进入 1965 年，日本的交通事故死亡人数骤增，已经突破一万人，为防止事故的进一步恶化，针对汽车结构改进，提出了以下 3 项主要安全对策。

① 事故回避对策（可见性、驾驶特性等）；

② 减轻伤害对策（乘员保护、行人保护、车身等）；

③ 防止火灾对策（内饰件的阻燃性、电气系统安全性等）。

（2）1980 年运输技术审议会报告《汽车安全标准第二次扩充强化目标》。

针对以后可能发生的交通事故，聚焦高速行驶事故、大型载货车事故及车辆火灾事故提出了对策方案。

（3）1992 年运输技术审议会报告《汽车安全标准扩充强化目标》。

1988 年日本交通事故死亡人数超过了一万人，交通事故呈上升趋势，对此，运输省于 1990 年 3 月总结了"关于汽车安全对策推进"方案。同年 10 月，运输大臣针对运输技术审议会提出了关于"为确保汽车安全的未来技术方针政策"的咨询。

对此，运输技术审议会为避免在强化国际商品法规过程中汽车成为贸易商的障碍，加紧配合国外安全标准的发展动向，并积极思考汽车技术的改进途径，于 1992 年做出了上述报告。

报告中对汽车结构及装置的改进措施等划分为法规、自愿、奖励、研究等46项。

法规强化项目16项，自愿、推荐、研究项目等30项，对各个法规目标时间进行了如下分类，运输省计划在一定期限内完全推行相关的法规政策。

① 短期法规（12项）：1~2年内实施；

② 中期法规（9）项：3~4年内实施（小型载货车、多功能车制动系统、正面碰撞时的成员保护等）；

③ 中长期推荐/研究等（含短期自愿/研究共30项）：计划5年后实施（安全气囊的推荐等较广范围）。

b. 安全法规的制定过程

标准的制定及修订流程如图2-2所示。

应社会发展的需求，运输大臣责令咨询机构——"运输技术审议会"针对安全问题进行研讨。运输技术审议会进行标准制定方针的讨论，向运输大臣提交报告进行汇报。运输省收到报告后根据事故调查分析及研究结果以及国内外汽车厂家的意见制定标准草案。

针对完成的草案，汽车工程协会向各个公司征集关于标准适用对策相关的技术开发预测及所需前置时间等内容，并提交给运输省。

运输省对上述意见进行审核后，整理最终方案，然后通报给负责海外领域的一般协定［事务局（GATT）］，并再次与日本汽车工程协会交流意见，达成一致后形成最终方案并正式公布。

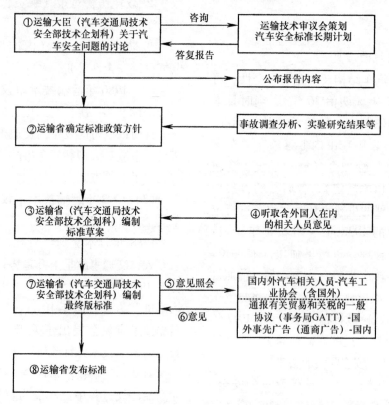

图2-2 汽车安全标准制定及修订流程

c. 现有法规的概要

日本关于汽车结构及装置的安全标准有基于《道路运输车辆法（法律）》的《道路运输车辆保安标准（运输省令）》，标准规定，不符合安全及防公害技术标准的车辆禁止上路运行。目前，保安标准中规定的安全法规参见表2-1和表2-2。该安全标准的由来前面已经描述过，即以交通事故实态、汽车使用情况、技术开发、国外各汽车安全标准动态、"运输技术审议会"的汽车安全标准扩充强化目标为依据，逐步地进行完善和补充。1992年报告中关于短期内应强化补充的下述12项内容（乘用车正面碰撞时的乘员保护等）已经作为保安标准的一部分进行修订，相关技术标准及试验方法也在增加或修订，大部分从1994年已开始实施。

目前的保安标准包括环境领域在内由第一条到第五十八条构成，安全方面有71个具体结构条件及性能条件要求。

① 关于乘用车，强制执行实车正面碰撞试验（乘员保护）。

② 强制安装乘用车等不使用安全带警报装置。

③ 乘用车等后排座椅外侧强制装备三点式安全带。

④ 强化刮水器刮扫性能及除雾器的除雾性能等。

⑤ 强化制动系统高速时的制动能力。

⑥ 强化制动系统操作力（制动时操纵稳定性）。

⑦ 强制要求辅助制动工作时制动灯亮，以防止追尾事故。

⑧ 汽车内饰材料强制使用阻燃材料。

⑨ 强化乘用车等碰撞时防止漏油的条件要求。

⑩ 强制安装双重加速踏板回位弹簧。

⑪ 扩大强制装备防抱死制动系统（ABS）的车辆种类。

⑫ 扩大大型反射装置的适用范围。

表2-1 保安标准安全法规的项目体系1

法规项目			具体条件	保安标准条文 No.
事故回避对策	视野特性	视野	风窗玻璃	29
			刮水器、洗涤系统	45
			除霜器、除雾器	45
			后视镜	44
			左前后视镜	44
			前照灯	32
			辅助前照灯	33
			后侧照明灯	33 – 2
		被见性	示廓灯	34
			尾灯	37
			驻车灯	37 – 7
			后部反射器	38
			紧急警告灯	41 – 3
			紧急警告道具	43 – 2
			警告反光板	43　3
			后雾灯	37 – 2
			侧灯及侧照明装置	35 – 2
		防眩等	前照灯	32
			辅助前照灯	33
			灯光颜色限制	42

(续)

法规项目			具体条件	保安标准条文 No.
事故回避对策	信息传递		警告器	43
			方向指示灯	41
			制动灯	39
			倒车灯	40
			速度显示装置	48-3
	驾驶特性	操纵稳定性	最大稳定倾斜角度	5
			最小离地间隙	3
			最小转弯半径	6
		轮胎	轮胎	9
		制动系统	制动性能	12、13
			制动液	12
	功能保持	警告装置	制动液漏液警告	12
		操作装置	控制装置的布置、识别	10
		驾驶环境	驾驶座椅	20~22

表 2-2 保安标准安全法规的项目体系 2

法规项目			具体条件	保安标准条文 No.
减轻伤害对策	乘员保护	乘员约束装置	安全带	22-3
			安全带固定装置	22-3
			头枕	22-4
			儿童约束装置	22-5
		车内冲击保护	碰撞吸能转向盘	11
			仪表板吸收能量	20
			座椅靠背后侧吸收能量	22
			遮阳板吸收能量	45
			车内后视镜吸收能量	44
			座椅固定强度	22
	车身	车身	车身本体吸收能量	18
			防止车门开启	25
			通道	23
			紧急出口	26
		玻璃	安全玻璃	29
		车辆伤害保护	防侵入装置	18-2
	行人保护		防卷入装置	18-2
			车身外部凸起物	18
			缓和车身外后视镜碰撞	44
			禁止旋转部位凸出	18

第2章 安全法规的历史背景和未来动向

（续）

法规项目	具体条件	保安标准条文 No.
防止火灾对策	防止碰撞时燃料渗漏	15
	内饰件阻燃性	20
一般规则	用语定义	1
	车辆参数等（尺寸、轴重、轴荷、接地压力）	2，4，4-2，7
	定员及最大载重量	53，53-2，22-2
	标准缓和	54
	非适用等	58
	缔约国登记车辆特例	58-2
	紧急车辆等	49，49-2
	旅客运送营业用车辆	50
	危险品运输车	28，52，53
	载货装置	27
	速度计	46
	行车记录仪	48-2
	灭火器	47
	信号灯	36
	锁止装置	11-2
	基本结构（耐久性）	8，9，11，14

d. 现有法规的特征

《道路运输车辆保安标准》最初是为了维持车辆在使用过程中的安全状态而规定的汽车使用者应遵守的标准，因此，保安标准中未对技术条件进行详细的规定，运输省则另行对详细的技术条件要求进行了规定。

日本的安全法规主要由事故回避对策、减轻伤害对策以及防止火灾对策3大支柱内容构成。日本独特的法规项目有强制要求行车减速亮灯（辅助制动操作时制动灯亮）、强制装备防卷入装置（防止行人、自行车、乘用车的车内乘员从载货车等后轮卷入）。

近年来，从标准调和的观点来看，正面碰撞时乘员保护对策、制动性能、照明装置的安装位置等欧洲法规正在趋于整合完善。

e. 未来法规的概要

如上所述，在2002年3月提交的运输技术审议会报告中，针对安全法规，对"短期""中期"的法规项目（新法规、法规强化、适用车型扩大等）以及目标时间进行了规定，"短期"法规已经开始实施。另外"短期"除了法规项以外还有以下几项自愿和推荐项目。

（i）短期/自愿
① 带预张紧器安全带条件规定；
② 座椅组合式儿童座椅条件规定；
③ 强化玻璃等新材料车辆应用时的条件完善。

（ii）短期/推荐
① 建议安装辅助制动灯（高位制动灯）；
② 建议安装车间距警报装置。

（iii）短期/研究
① 关于装备座椅安全带固定器必要性

② 关于配备风窗玻璃安全锤必要性的研究。

运输省还对中期法规的 9 个项目（短期法规项目的适用车型扩大、近光灯性能条件制定等）进行了强化必要性讨论，有的项目最早已经自 2007 年开始实施（参照表 2-3）。

中期法规的 9 个项目中，正面碰撞时的乘员保护对策及制动性能提升等项目已经扩大到多功能车以及载货车车型领域，并根据实际技术开发的进展情况阶段性实施，实施时间另行细分。

运输技术审议会的报告中将侧面碰撞定为"中期研究项目"，运输省针对最近欧美法规相对活跃的现象，有意将其定为"中期法规项目"。对中、长期的自愿、推荐及研究项目将继续研究讨论，并有望将其法规化（参照表 2-4）。

表 2-3 安全中期法规（9 项）

最早于 2007 年 4 月 1 日施行

项目	对策目的	内容	适用车型
降水等恶劣天气视野	• 应对夜间死亡事故的增加 • 应对高速行驶时死亡事故的增加 • 防止火灾等	对刮水器刮扫性能、除雾装置性能进行法规量化规定	载货车、客车（乘用车、多功能车为短期）
车高较高车辆视野	• 应对夜间死亡事故的增加 • 应对年轻人及老年人死亡事故的增加	针对多功能车辆，规定驾驶座位所必需的直接或间接的正前方及左前方视野范围	多功能车
近光灯	• 应对夜间死亡事故的增加 • 应对高速行驶时死亡事故的增加 • 应对年轻人及老年人死亡事故的增加	为维持前照灯近光灯的性能，对主光轴朝向及最低光度具体条件进行规定	所有车型
制动性能	• 应对高速行驶时死亡事故的增加 • 应对载货车相关的死亡事故的增加	对确保高速制动能力、制动时的操纵稳定性、耐衰减性等相关条件进行规定	多功能车、载货车、客车（乘用车为短期）
制动操作力	• 应对年轻人及老年人死亡事故的增加	提高制动系统操作性，减小操作力	多功能车、载货车、客车（乘用车为短期）
正面碰撞时的乘员保护	• 应对汽车乘车人死亡事故的增加 • 应对高速行驶时死亡事故的增加 • 应对年轻人及老年人死亡事故的增加	对于乘用车，通过实车正面碰撞试验提高车身碰撞能量吸收能力	多功能车、小型载货车（乘用车为短期）

（续）

项目	对策目的	内容	适用车型
大型后保险杠	• 应对汽车乘车人死亡事故的增加 • 应对载货车相关的死亡事故的增加	扩大强制安装大型保险杠车型（GVW 8t 以上车型已经强制安装）	中型载货车 GVW 7~8t
强化后面碰撞时防漏油条件	• 应对高速行驶时死亡事故的增加	强化被乘用车、其他车辆追尾时防止漏油条件	微型车
摩托车易发现性	• 应对年轻人及老年人死亡事故的增加	规定发动机工作时，摩托车前照灯结构上自动亮灯	摩托车

表 2-4　中、长期的"自愿""推荐""研究"项目

时间/种类	项目	适用车型	内容
中期/研究	侧照明灯（转向灯）	所有车型	为改善夜间山路上行驶时左右转弯行进方向的视野，对转向灯的亮灯方式进行研究
中期/研究	画面显示装置（导航等）	乘用车、多功能车	对信息读取、导航系统等画面显示装置显示的内容、操作方法等条件进行研究
中期/研究	耐电磁波性	所有车型	研究实车装备的电子装置对外部电磁波、静电等外界条件的耐受性及评价方法
中期/研究	电子装置故障安全	所有车型	研究汽车电子装置故障安全功能
中期/研究	最高车速及最大功率	所有车型	研究汽车能达到的最高车速和最大功率
中期/研究	小径转向盘	乘用车	研究如何改造助长飙车飞车行为的小径转向盘，并改进操纵稳定性
中期/研究	载荷重量计	载货车	把握防止载货车超载情况，研究载荷重量计的精度提高等问题
中期/研究	侧面碰撞	乘用车、多功能车、小型载货车	把握侧面碰撞事故实态，研究事故实态中有效的侧面碰撞对策
中期/研究	改进安全带	所有车型	从消除使用安全带时的不舒服感考虑，研究如何改进安全带固定器的固定位置及压迫感
中期/研究	前部结构等	所有车型	为减轻车辆与行人碰撞时对行人的伤害，研究如何改进车辆前面的结构
中期/研究	前侧下照明灯护罩	中、重型载货车	研究车辆前部下侧安装的下部照明装置护罩
中期/研究	防止火花	所有车型	研究如何防止碰撞时电气系统的火花（车辆火灾事故的成因）
中期/研究	碰撞时门开启性	所有车型	为确保碰撞时车内人员的逃脱性及救援性，对车门的开启性条件进行研究
中期/研究	替代燃料车辆	所有车型	针对混合动力车、乙醇燃料车、电动车、压缩天然气车等为代表的替代燃料汽车等相关的条件进行研究

(续)

时间/种类	项目	适用车型	内容
中期/研究	车载电子设备的功能确认方法	所有车型	研究以自诊断装置的输入输出接口为主的功能、结构标准化
中期/研究	摩托车乘车姿势	摩托车	以减轻驾驶人的疲劳程度、提高驾驶操作性等为目的,对决定乘车姿势的座椅、手柄等的相对位置关系进行研究
中期/研究	警告系统	所有车型	研究针对汽车陷入危险状态或驾驶人处于危险状态等情况发出提醒的警告系统
中期/推荐	驾驶姿势	乘用车、多功能车	为确保坐高较低的老年人及女性驾驶人通过调整座椅可以实现舒适的驾驶姿势,建议装备座椅位置调节装置
中期/推荐	平视显示器（HUD）	乘用车、多功能车	利用 HUD 提高速度计等仪表类的可见性
中期/推荐	安全气囊	乘用车、小型载货车	建议增加安全气囊装备
长期/研究	所有信号照明灯	所有车型	提高信号指示灯的可见性,明确照明信号传递,对其整体方案进行研究
长期/研究	行驶稳定性	载货车、双层客车	研究如何提高载货车、双层客车等重心较高车辆的行驶稳定性
长期/研究	与外界的信息传递方法	所有车型	研究行驶过程中通过与外界环境进行信息交换,包括交通信息、位置信息在内的辅助驾驶操作等的信息传递方法

注：1. 任意：自愿安装无法规强制要求的零部件时,则成为法规要求项目。
  2. 研究：今后积极地促进研究、调查,引导技术开发,根据研究结果认为需要采取措施的项目。
  3. 推荐：建议配备安全对策装备或有助于提高性能的项目。

2.2.2 欧洲

a. 欧洲法规的概要

以往欧洲的汽车安全法规基本上是由各个国家的法规集合而成的。英国于 1929 年制定了道路车辆照明法,德国于 1937 年制定了 StVZO（Strassen Verkehrs – Zulassungs Ordnung：道路交通取缔法）,此外还有法国的 Code de la Route,瑞典的车辆安全法规 TSVFS。

由于过去欧洲各国采用的是各自相对独立的车辆安全法规,这对欧洲各国间的贸易往来造成了很大的障碍,阻碍了经济的发展。为除去这些壁垒,联合国欧洲经济委员会（ECE 本部,瑞士日内瓦）及现在的欧盟（EU 本部,比利时布鲁塞尔）、欧共体（EEC）分别开始着手对欧洲的汽车结构法规进行统一。另外 ECE 规定的法规（regulation）和 EU 制定的指令（directive）基本上是由各国政府代表从草案阶段开始讨论的,ECE 法规和 EEC 指令之间为标准协调关系,内容上大体没有差别。

为了应对 1992 年末 EC 市场的统一以及之后的 EU 加盟国的扩大,欧洲开始统一制定法规,原有的欧洲各国法规就变得不那么重要了。特别是 1993 年开始引入 EU 统一形式认证制度（WVTA：Whole Vehicle Type Approval）开始,各国均要通过该形式认证,事实上,对于 EU 加盟国来说,各国自己的法规已经没有多大意义了。随着 EU 加盟国的增加以及

EU WVTA 加入国的扩大,各国法规的重要性也会越来越小,因此,本书将主要针对 ECE 法规和 EEC 指令进行说明,其相关特征见表 2-5。

EU 成立后的 1993 年 11 月,EEC 指令更名为 EC 指令,由于 EU 成立前的 EEC 指令仍在沿用,因此,本书统一按 EEC 指令处置(含 EC 指令)。

(i) 联合国欧洲经济委员会法规

(1) ECE 法规的概要。第二次世界大战后,联合国为了扶植欧洲经济的复苏,向各个国家政府提出建议建立统一行动的欧洲经济委员会。汽车结构统一法规是于 1958 年在瑞士日内瓦签订的"关于采用统一条件批准机动车辆和部件互相承认批准的协定书(通称 1958 年协定书)"基础上制定的 ECE 法规。

(2) ECE 法规的制定过程。ECE 法规的制定过程如图 2-3 所示。汽车结构法规由 ECE 的下属机构"车辆结构专门委员会(WP29)"和 WP29 的下属工作组 GR 工作组负责研讨。参与法案研讨的有各国政府代表、汽车产业、零部件产业、客户代表团体、消费者协会等相关非政府组织。各参与研讨的成员可以向 GR 工作组提交工作提案。日本政府及日本汽车工业协会(JAMA)也出席了 WP29 及 GR 工作组会议。

(3) ECE 法规的约束力。ECE 法规最初是不具备法律上的约束力的,各国政府在本国法规内容中对 ECE 制定的 ECE 法规进行认可批准后,才开始在该国发挥法规性约束力。这里的批准是指不否认基于 ECE 法规被认可的车辆或零部件,并不是强制执行 ECE 法规,各国政府可根据本国法律规定自行决定是否强制执行 ECE 法规。

(ii) 欧盟(EU)的 EEC 指令

(1) EEC 指令的概要。第二次世界大战后,为了实现一个欧洲的目标,法国、德国、意大利、荷兰、比利时、卢森堡 6 国于 1957 年在罗马签订《欧洲经济共同体条约》(亦称罗马条约)之后,于 1958 年 1 月正式成立了欧洲经济共同体(EEC)。鉴于在各成员国内用以货物运输的汽车以及乘客车辆的法定技术要求存在差异,阻碍了欧共体的贸易,为消除其差异和贸易障碍,同时也为保护本地区的利益,EEC 以 EEC 指令的形式发布汽车结构统一法规。

(2) EEC 指令的制定过程。EEC 指令的制定过程如图 2-4 所示。汽车结构法规原则上由 EC 委员会提案,经过欧洲议会的咨问、EU 理事会采纳后正式制定。制定机构成员由加盟国成员代表、加盟国民众选举出的欧洲议会议员等 EU 加盟国政府机构人员构成。法案研讨由 EC 委员会产业总局(DGIII)下属机构机动车辆工作组(MVWG:motor vehicle working group)组织进行,参与法案研讨的有加盟国政府代表、欧洲汽车产业界、欧洲零部件产业界、欧洲客户代表团体以及欧洲消费者协会等欧洲相关非政府组织。

(3) EEC 指令的约束力。与无法律约束力的 ECE 法规不同,EEC 指令对加盟国具有法律约束力。EEC 指令制定之时便要求加盟国经一定时间后,必须将 ECE 作为本国法律的替代法规予以执行。1993 年 1 月引入欧盟整车认证制度 WV-TA(Whole Vehicle Type Approval)后,ECE 指令成为强制制定指令。实质上,在所有的 EU 加盟国以及接受 EU WVTA 的国家,EEC 指令已经具备了绝对的法律效力。

表 2-5 ECE 法规和 EEC 指令的特点比较

内容		ECE 法规	EEC 指令
基本法		1958 年日内瓦协定	罗马条约（EEC 设立条约）
总部所在地		日内瓦（瑞士）	布鲁塞尔（比利时）
加盟国		【ECE 及 EU 加盟国】 比利时、丹麦、法国、德国、希腊、意大利、葡萄牙、西班牙、荷兰、卢森堡、英国、奥地利、芬兰、瑞典	
		【ECE 加盟国】 挪威、捷克、斯洛伐克、匈牙利、瑞士、波兰、罗马尼亚、前苏联	【EU 加盟国】 爱尔兰
发行机构		联合国经济及社会理事会（ECOSOC）	欧盟理事会
制定机构		ECE（欧洲经济委员会）WP29（车辆结构工作组）	EC（欧共体）委员会消除交易障碍工作小组
特征	共同项目法规内容	共通的法规项目基本上按统一法规内容规定	
	主动性	一般性安全相关内容由 EU 先行发布标准	一般性环境相关内容由 ECE 先行发布标准
	认可有效范围	基于 ECE 法规发布的认可证明在适用该认可法规的国家有效	基于 EEC 指令发布的认可证明在所有 EU 加盟国间均有效
	法规生效	ECE 法规本身不具备强制力，加盟国自发性纳入该国法规后具有一定效力	EEC 指令对加盟国具有强制力，加盟国在指令中规定的日期时间内必须强制执行该指令

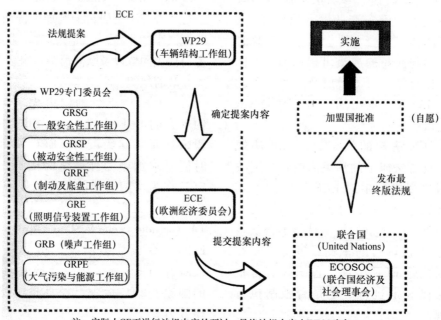

注：实际上CE不进行法规内容的研讨，最终法规内容由WP29确定。

图 2-3 ECE 法规的制定过程

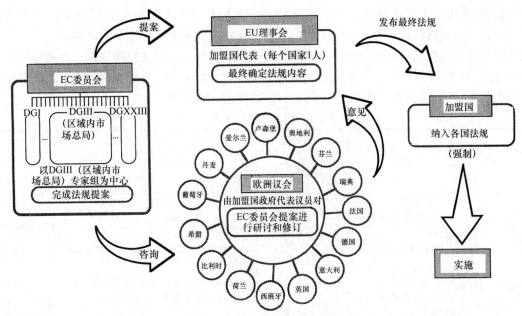

图 2-4　EEC 法规的制定过程

b. 安全法规的现状及特征

（i）安全法规现状　目前，ECE 法规及 EEC 指令所规定的主要汽车法规参见表 2-6。自 1964 年发布 ECE No.1（前照灯）以来，每年都会发布新的法规内容，目前关于安全、环境领域的 ECE 法规已经增加到了 93 项。另外，EEC 指令于 1970 年发布整车形式认证（EEC No.70/156：提出 WVTA 构想），同年相继发布了燃料箱及后部保护装置（EEC70/221）、后牌照板（EEC70/222）、转向装置（EEC70/331）、车门锁铰链（EEC70/387）等与安全相关的法规。目前在乘用车领域，除了有关 WVTA 的指令（EEC92/53）外，共制定了与安全、环境领域相关的 EEC 指令 45 项。

（ii）安全法规的特征　目前大部分的欧洲法规都是 20 世纪 70 年代到 80 年代之间制定的，之后随着技术的不断进步对法规内容也进行着不断的更新修订。对车内突起物进行规定的内部突起物法规（ECE21 及 EEC74/60）及对车外表面 R 角及凸起量进行规定的外部突起物法规（EE2621 及 EEC74/483）是欧洲特有的安全法规。

自 20 世纪 80 年代开始，德国用户团体及汽车专业杂志社相继公开了车辆正面碰撞试验的结果，消费者对车辆的安全意识越来越高，在 1992 年 2 月更是向欧洲共同体提交了交通安全报告，针对如何在 2000 年以前将交通事故死亡人数降低 20%～30% 提出了诸多方案。1992 年 12 月，EC 委员会发表了运输白皮书，提出了积极应对车辆安全的对策方针，1993 年 6 月 EC 委员会发表了交通安全行动项目，关于车辆安全的大环境正发生着翻天覆地的变化。

在这种大环境下，1993 年 4 月 EC 委员会 MVWG 认可导入新的正面碰撞标准及新的侧面碰撞标准，目前，EU 加紧了法制化的进程。新正面碰撞及新侧面碰撞试验方法分别如图 2-5 和图 2-6 所示。

c. 今后安全法规的动向

如上所述，欧洲已经准备实施新的正面碰撞和侧面碰撞标准。作为未来安全法规的雏形，联合国欧洲经济委员会的车辆结构专门委员会（WP29）的 GR 工作组以及 EC

委员会 MVWP 正在对众多的安全项目进行研讨。另外，针对防止外界电磁波干扰汽车构成零部件误运行的 electromagnetic compatibility 相关 ECE 指令方案、安全气囊安全结构相关的 ECE 法规方案、装备高位制动灯的 EEC 指令方案等都在研究中，这些内容也将成为未来安全法规的风向标。

另外，欧洲也在推进有关行人保护的研究，今后关于行人保护对策的讨论很可能会掀起一波热潮。

表 2-6 ECE、EEC 法规一览

分类	项目	对象车辆			法规概要	法规号	
		乘用车	商用车	零部件		ECE	EC（注）
PASSIVE SAFETY（乘员保护）	内部突起	○			汽车内饰件凸起率及碰撞吸能规定	21	74/60
	转向装置的乘员保护	○	○	○	转向装置碰撞吸能规定	12	74/297
	座椅及座椅固定器	○	○		座椅、座椅固定器结构及碰撞吸能规定	17	74/408
	安全带固定器	○	○		座椅安全带固定器结构及强度规定	14	76/115
	安全带及安全带固定	○	○		座椅安全带单品及车辆固定规定	16	77/541
	头枕	○			头枕结构、尺寸（高度）、强度规定	17, 25	78/932
	后面碰撞	○			后面碰撞规定	32	无
	正面碰撞	○			正面碰撞障碍壁规定	33	无
	保险杠	○			保险杠撞击试验规定	42	无
	儿童约束装置			○	儿童座椅结构及强度规定	44	无
ACTIVE SAFETY（事故回避）其他	燃料箱	○	○		燃料箱结构相关规定	34	70/221
	后部保护装置		○		防止车辆后部钻入装置规定	无	70/221
	后牌照板	○	○		车辆后部牌照板固定位置及尺寸规定	无	70/311
	转向操作力	○	○		转向装置的操作安全性规定	79	70/222
	门锁、铰链	○			门锁及铰链结构规定	11	70/387
	警告器	○	○	○	警告器强制安装及结构规定	28	70/388
	后视镜及后视野	○	○	○	后视镜（车内、车外）及后视野规定	46	71/127
	制动系统	○	○		制定系统性能及结构规定	13	71/320
	电波杂音	○	○		汽油发动机车电磁干扰对策规定	10	72/245
	防盗装置	○			防盗装置结构、强度规定	18	74/61
	外部突起	○			汽车外饰件凸起率及安全性规定	26	74/483
	速度表	○	○		速度表及倒挡机构性能、结构规定	39	75/443
	VIN（车辆识别号）	○	○		车辆识别号的构成及打刻规定	无	76/114
	照明固定结构	○	○		照明装置固定位置及可见性相关规定	48	76/756
	升降器			○	升降器结构规定	3	76/757
	侧灯、尾灯及制动灯			○	左侧照明类零部件结构规定	7	76/758
	方向指示灯			○	方向指示灯结构规定	6	76/759
	后牌照灯			○	后牌照灯结构规定	4	76/760
	前照灯			○	前照灯结构规定	1, 2	76/761
	前雾灯			○	前雾灯结构规定	19	76/762
	牵引装置	○	○		牵引装置安装及强度规定	无	77/389
	后雾灯			○	后雾灯结构规定	无	77/538
	倒车灯			○	倒车灯结构规定	23	77/593

第2章 安全法规的历史背景和未来动向

（续）

分类	项目	对象车辆			法规概要	法规号	
		乘用车	商用车	零部件		ECE	EC（注）
ACTIVE SAFETY（事故回避）其他	驻车灯			○	驻车灯结构规定	77	77/540
	驾驶人视野	○			驾驶人视野规定	无	77/649
	控制类识别	○	○		控制类（开关、手柄等）的显示规定	无	78/316
	除雾、除霜装置	○			除霜及除雾性能规定	无	78/317
	刮水器、洗涤器	○			刮水器、洗涤器性能规定	无	78/318
	加热器	○			加热器性能及安装规定	无	78/548
	轮罩	○			轮罩结构规定	无	78/549
	玻璃		○	○	玻璃单件结构、强度及安装规定	43	92/22
	重量、尺寸	○			车辆重量、尺寸规定	无	92/21
	轮胎			○	轮胎结构及安装规定	30	92/23
	联轴节	○	○		牵引装置连接件结构及强度条件	无	94/20
	前照灯清洗	○	○	○	前照灯清洗器性能规定	46	无
	日间行车灯			○	日间行车灯结构规定	87	无
环境	噪声	○	○		车外噪声登记法规（通过噪声、停车噪声）	51	70/156
	排气	○	○		尾气排放法规（CO、HC、NO_x、柴油颗粒物、蒸发物）	15，83	70/220
	柴油黑烟	○	○		柴油发动机黑烟法规	24	72/306
	CO_2及油耗测量方法	○			CO_2及油耗测量方法	84（油耗）	93/116
	发动机功率	○	○		发动机最大功率测量方法（发动机车载状态）	85	80/1269

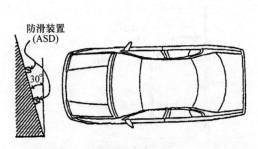

碰撞速度	50km/h
障碍壁	30°斜坡带止滑块
假人	Hybrid
适用车型	乘用车（车辆允许载重在2500kg以内）

图2-5 欧洲新的正面碰撞试验方法

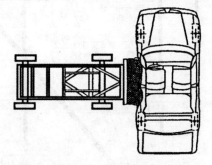

碰撞速度	50km/h
障碍壁	可移动变形障碍壁
假人	EUROSID
适用车型	乘用车（座椅参考高度700mm以下）

图2-6 欧洲新的侧面碰撞试验方法

2.2.3 美国

a. 美国法规的历史

美国联邦级别的关于汽车自身安全性能的基本法规有"1996年国家交通及车辆安全法"和"1972年汽车信息及成本节约法"2部。

从20世纪60年代开始机动车事故导致的死亡率逐年增加,事故原因大都来自机动车一方。以政治活动家拉尔夫纳德撰写的《Unsafe at Any Speed》(1966年)一书的出版为契机,美国在第89届联邦会议中颁布了《1966年国家交通及车辆安全法》(National Traffic and Motor Vehicle Safety Act of 1966,以下简称Safety Act)。

为了制定及推进汽车安全标准,Safety Act规定成立了现在的道路交通安全局(National Highway Traffic Safety Administration,以下简称NHTSA),由该机构制定联邦汽车安全标准 Part571,即 Federal Motor Vehicle Safety Standard(以下简称 FMVSS)。

另外,在1972年还制定了《1972年汽车信息及成本节约法》(Motor Vehicle Information and Cost Saving Act of 1972,以下简称 Cost Saving Act),对乘用车用保险杠损伤性相关标准的制定以及对向消费者提供汽车安全性相关的信息条件进行了规定。

上述法律颁布后,以FMVSS为中心,法律法规逐渐健全起来并沿用至今。

b. 安全法规的制定过程

联邦级别的安全法规与 Safety Act 及 Cost Saving Act 及其修订类似,分为2类,一类是由联邦会议制定的法律,另一类是 NHTSA 基于该法律制定的 Part 法规项目(包含 FMVSS)。

其制定过程如图2-7所示。

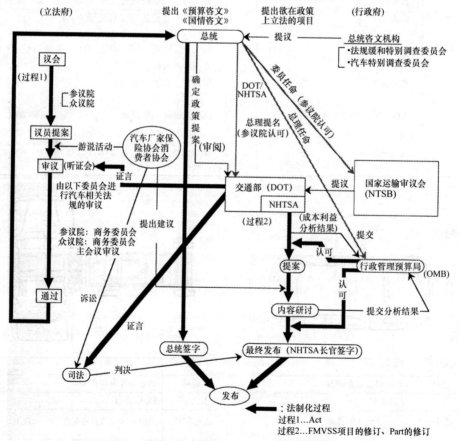

图 2-7 美国安全法规的制定过程

一般情况下法律是由议员提出立法方案后，由参议院及众议院的商务委员会进行审议，会议审议通过后由总统签字生效。

而法规则是NHTSA基于自己的研究及法规制定请求完成法规提案（提议），然后进行公示，广泛征求意见后，对建议内容进行讨论完成最终版法规，之后进行公示并生效。

也就是说，任何人都有提案制定法规及对法规制定过程提意见的机会，不论是提案还是最终法规，都要对该法规的制定所产生的社会利益与法规制定导致的价格上升及燃油经济性下降等成本进行比较，经行政管理预算局审查、认可后才能发布，这也是美国安全法规制定过程的最大特征。

c. 主要法规的内容

表2-7为主要Part项目概要，表2-8为各FMVSS项目的概要。

在Part项目中，Part571为"联邦汽车安全标准（FMVSS）"，对汽车及汽车零部件与安全相关的结构及性能条件进行了规定。其他Part项目，如Part553"法制化流程"对法规制定、应用等相关的义务及流程进行了规定；Part541为"车辆防盗法规"；Prat581为"保险杠标准"，均是基于Cost Saving Act的规定。

另外，FMVSS对安全相关的结构、性能条件等进行了详细规定。FMVSS各个项目名称均为3位数编号，第100号为事故预防、第200号为发生事故时减轻乘员伤害、第300号为发生车辆火灾等事故后防止发生二次灾害的相关法规。

下面针对FMVSS中典型的法规，即FMVSS208"乘员碰撞保护"和FMVSS214"侧面碰撞保护"进行说明。

（i）FMVSS208"乘员碰撞保护" 美国先于其他国家，率先引入了FMVSS208"乘员碰撞保护"法规。该法规对发生正面碰撞时的乘员保护性能进行了规定。在FM-VSS208中，使用的是代表美国男性的50百分位假人（测量用人体模型），以30km/h的车速90°±30°冲撞固定障碍壁，规定内容包括头部伤害标准（Head Injury Criteria：简称HIC）、胸部加速度及胸部位移量和大腿部载荷。

（ii）FMVSS214"侧面碰撞保护" FMVSS214"侧面碰撞保护"对侧面碰撞时的成员保护性能进行了规定，美国先于其他国家自1993年9月开始阶段性引入动态碰撞试验。试验时，搭载侧碰试验用假人（Side Impact Dummy：简称SID）的车辆与移动障碍壁（Moving Deformable Barrier：简称MDB，搭载模拟车辆前部碰撞吸能结构）碰撞。规定内容包括基于SID上、下肋骨及下部脊椎部位加速度求得的胸部负伤指数（Thoracic Traumu Index：简称TTI）及腰部的加速度。

d. 法规的特征

NHTSA拥有自己的研究开发部门，用于市场事故数据的收集及分析、防止事故，就事故死伤发生机理进行研究，并进一步研究开发能够减少事故死伤人数的对策方法，并对其进行相关评价试验方法的研究开发，最终将其纳入法规项。除此之外，也在积极地推进与各高校、研究机构、企业的联合研究活动。

通过上述一系列的活动，对技术的可靠性及现实性、效果预测等进行充分讨论的基础上再最终形成法规，这也是FMVSS208及FMVSS214这种先进的法规内容得以早期引入的原因之一。

e. 法规的动向

现在NHTSA正在对以下项目的法规化进行讨论。

（i）制定压缩天然气燃料车、电动车的安全法规 随着排放法规的不断强化，压缩天然气燃料车辆（以下简称CNG车）已经上市销售，而电动车（以下简称EV）也在

1998 年真正走入了销售市场。

表 2-7 美国 Part 项目的概要一览

Part No.	项目	适用对象	概要
541	车辆防盗标准	乘用车、载货车、MPV	零部件标识条件、目标申报条件
542	车辆防盗标准适用车型选定	乘用车、载货车、MPV	New Line 申报义务、申报流程
543	免除车辆防盗标准申请	乘用车、载货车、MPV	零部件标识条件免除申请流程
544	有关车辆防盗标准的保险业者报告条件	保险、租赁、出租公司	车辆盗抢、盗抢车辆发现时的申报条件
551	手续	—	NHTSA 的手续条件
552	关于法规制定、缺陷、不适用的提议	—	提议流程及办理流程
553	法制化过程	—	法规制定过程
554	法规适用及缺陷调查	—	FMVSS 问题、安全缺陷的调查过程
555	安全标准暂时免除	所有车型	更换式前照灯灯泡尺寸等的申报条件
556	对非重大缺陷及问题的免除	所有车型	车辆识别号的识别内容条件
557	关于安全缺陷通知、救助的听证会提议	—	整车、零部件制造业者的申报条件
564	关于更换式灯泡的信息	更换式前照灯灯泡	认证标签条件
565	车辆识别号	所有车型	多级制造车辆认证责任分担
566	制造业者识别	—	FMVSS（参照表 2-8）
567	认证（标签条件）	所有车型	FMVSS 所用假人的详细规定
568	多级制造车辆（说明条件）	多级制造车辆	法规不适用、安全缺陷时的申报义务
571	联邦汽车安全标准（FMVSS）	所有车型	轮胎识别 & 记录保存
572	试验、假人	—	停车距离等信息申报义务
573	缺陷、问题报告	所有车型	安全相关问题、报告的保管义务
574	轮胎识别 & 记录保存	轮胎厂家	法规不使用、安全缺陷等对顾客的告知义务
575	消费者信息	所有车型	原厂零部件、更换零部件缺陷、问题责任
576	记录保存	—	出借、代理店、批发行驶距离公开、保存
577	缺陷、问题公示	—	轻微碰撞时保险杠损伤性条件
579	缺陷、问题责任	—	向代理商提供保险费用信息义务
580	保险杠标准	租赁、代理店、批发	FMVSS208 自动约束条件适用车辆台数申报
581	里程表显示条件	乘用车	FMVSS214 动态侧面碰撞条件适用车辆台数申报
582	保险费用信息	乘用车	FMVSS214 动态侧面碰撞试验用障碍壁规格规定
585	自动约束装置分阶段申报规定	所有车型	儿童约束装置顾客信息记录保存条件
586	侧面碰撞阶段性适用申报条件	乘用车	整车及零部件进口时的手续
587	侧面碰撞可动变形障碍壁	—	进口商申报义务、流程
588	儿童约束装置记录保存	儿童约束装置厂家	可改装车辆进口许可申请
591	联邦安全、保险杠、防盗标准对象的进口	进口商	Part592、593 所需费用确定流程
592	FMVSS 非适用车辆的进口车登记	进口商	
593	FMVSS 非适用车辆进口许可	进口商	
594	Safety Act 认证费	—	

表 2-8 美国 FMVSS 概要一览

Part571 MVSS No.		适用对象					概要
		乘用车	MPV	载货车	客车	零部件	
101	控制及显示	○	○	○	○	—	关于控制类机构位置、显示、夜间照明的规定
102	换档模式、中控锁、发动机制动	○	○	○	○	—	关于换档模式、起动中控锁、发动机制动效果的规定
103	风窗除雾器＆除霜器	○	○	○	○	—	关于除雾器、除霜器装备条件及性能条件的规定
104	刮水器＆风窗洗涤器	○	○	○	○	—	关于刮水器刮扫面积、速度条件，洗涤器性能条件的规定
105	液压制动系统	○	○	○	○	—	关于行车制动、失效时驻车制动性能条件等的规定
106	制动软管	○	○	○	○	○	关于制动软管、固定结构材质及耐久性、标识的规定
107	反射表面	○	○	○	○	—	关于驾驶人视野内金属表面反射的规定
108	照明、反射器及附属装置	○	○	○	○	—	关于照明装置、安装位置、结构、配光、耐久条件的规定
109	新型充气轮胎(乘用车)	—	—	—	—	○	关于乘用车用新充气轮胎尺寸、强度、耐久性、标识条件的规定
110	轮胎选择	○	—	—	—	○	关于适用 FMVSS109 的轮胎使用、载荷、标牌条件的规定
111	后视镜	○	○	○	○	—	关于内外后视镜视野及放大率条件的规定
112	前照灯隐蔽装置	○	○	○	○	—	前照灯隐蔽装置结构条件
113	发动机罩锁系统	○	○	○	○	—	关于发动机罩锁装备条件、前开发动机罩的副锁装备条件的规定
114	防盗装置	○	○	○	○	—	关于钥匙种类数量、拔掉钥匙后的转向盘及变速杆锁死条件的规定
115	车辆识别号	○	○	○	○	—	关于车辆识别号的显示位置及位数的规定
116	液压制动液	○	○	○	○	○	关于制动液性能条件及同期标签条件的规定
117	可再生充气轮胎	—	—	—	—	○	关于再生轮胎的尺寸、强度、耐久性及标识的规定
118	电动车窗系统	○	○	○	—	—	关于电动车窗启用条件的规定
119	非乘用车用新充气轮胎	—	—	—	—	○	关于非乘用车用轮胎的尺寸、强度、耐久性及标识的规定
120	非乘用车用轮胎选定	—	○	○	○	—	关于适用 FMVSS119 的轮胎使用、载荷、标牌条件的规定
121	气压制动系统	—	—	○	○	—	有关空气制动系统性能条件及必备装置装备条件的规定
122	摩托车制动系统	—	—	—	—	—	关于摩托车制动系统结构及性能的规定
123	摩托车控制类及显示器	—	—	—	—	—	关于摩托车控制机构的位置、显示、夜间照明、启用条件等的规定
124	节气门控制系统	○	○	○	○	—	关于节气控制系统结构条件、回位性能条件的规定
125	三角警告牌	—	—	—	○	—	关于危险警告用反射三角警告板性能条件的规定
126	载货车车厢装载方法	—	—	—	—	○	关于载货车标签、操作手册记录条件的规定
129	乘用车用新充气轮胎	—	—	—	—	○	关于乘用车用非充气轮胎的尺寸、强度、耐久性及标识的规定

（续）

Part571 MVSS No.		适用对象					概要
		乘用车	MPV	载货车	客车	零部件	
135	乘用车制动系统	○	—	—	—	—	关于乘用车制动系统条件的规定，2000年8月31日前 FMVSS105 与本标准可任选
201	基于车内冲击的乘员保护	○	○	○	○	—	关于仪表板、座椅靠背、肘靠等吸能性条件的规定
202	头枕	○	○	○	○	—	关于头枕装备条件及强度条件的规定
203	基于转向控制装置的驾驶人保护	○	○	○	○	—	关于车身碰撞试验中转向柱吸能性能的规定
204	转向盘后移	○	○	○	○	—	关于障碍壁碰撞试验中转向盘后退量的规定
205	玻璃材质	○	○	○	○	○	关于玻璃材质碰撞、贯通、透过率、破碎等性能的规定
206	门锁、车门保持机构	○	○	○	—	—	关于门锁、车门铰链前后及侧向开启强度的规定
207	座椅系统	○	○	○	○	—	关于座椅及座椅固定器强度条件的规定
208	乘员冲击保护	○	○	○	○	○	关于乘用车、载货车、MPV 前排外侧座椅强制装备安全气囊、正面碰撞试验时假人伤害值条件的规定
209	安全带总成	○	○	○	○	○	关于装备/结构条件、安全带、固定结构及总成性能条件的规定
210	安全带固定器	○	○	○	○	—	关于装备、位置、强度条件的规定
211	轮毂螺栓&轮毂&轮辋罩	○	○	—	—	○	不得有突出于轮毂螺栓、轮辋、轮辋罩的翼形突起
212	风窗悬置	○	○	○	○	—	关于碰撞障碍壁时的玻璃固定部位支撑率的规定
213	儿童约束装置					○	关于儿童座椅动态保护性能、强度、结构、标签、操作手册条件等的规定
214	侧面碰撞保护	○	○	○	—	—	关于侧门静态载荷阻力、车辆碰撞试验时假人伤害值的规定
216	顶篷抗压阻力	○	○	○	—	—	关于顶篷前端承受静载荷时的变形量的规定
217	客车车窗保存及解锁	—	—	—	○	—	关于客车车窗支撑强度及紧急出口大小、开启方法的规定
218	摩托车安全帽	—	—	—	—	○	关于安全帽性能条件的规定
219	风窗区域侵入	○	○	○	—	—	碰撞障碍壁时车身部件侵入车窗的法规规定
220	校车翻车时的保护	—	—	—	○	—	为确保翻车时生存空间对车身强度的规定
221	校车车身连接强度	—	—	—	○	—	关于车身连接部位抗拉强度的规定
222	校车乘员座及碰撞保护	—	—	—	○	—	关于客车座椅系统结构、强度及头部和脚部保护条件的规定
301	燃料系统安全性	○	○	○	○	—	关于正面、侧面及后面碰撞以及碰撞后燃料泄漏的规定
302	车内材料阻燃性	○	○	○	○	—	内饰材料阻燃性条件
303	压缩天然气车辆的燃料系统安全性	○	○	○	○	—	关于压缩天然气车辆正面、侧面及后面碰撞以及碰撞后燃料泄漏的规定
304	压缩天然气燃料箱安全性	○	○	○	○	○	关于压缩天然气车用燃料箱性能条件的规定

随着上述车辆的不断发展，与其相关的车辆安全性法规的制定也越来越重要。

与 CNG 车辆相关的法规已经发布了 FMVSS303 "CNG 车辆燃料系统安全性"（通常

等效于燃料车的 FMVSS301）和 FMVSS304 "CNG 车辆燃料箱安全性" 2 部法规。

另外，关于 EV 的再生制动相关的法规条件正在讨论中，同时对于防止碰撞时电池液渗漏导致的伤害及防触电事故相关内容是否要法规化也在研讨中。

（ⅱ）防止前排乘客安全气囊与儿童座椅干涉导致的幼儿伤害　乘用车和载货车/多功能车型分别在 1997 年 9 月和 1998 年 9 月开始强制装备前排乘客座位安全气囊。有人提出，前排乘客安全气囊在展开时，与朝后安装在前排乘客的儿童座椅有可能会干涉。作为短期解决办法，NHTSA 曾考虑安装可手动关闭前排乘客安全气囊的开关，从长远解决办法考虑，需要开发出能够自动判断是否需要展开气囊的安全系统。

（ⅲ）减少冲出车外情况的发生　发生事故时，车内乘员如果被甩出车外的话，造成死亡的概率就会大大增加，因此，如何防止车内乘员被撞出车外也是研究的一项重点内容。目前正在研究用于侧门的 FMVSS206 是否可用于后背门，同时也在研究如何避免事故时车门开启的方法。

（ⅳ）强化正面碰撞法规　美国先于其他国家率先引入了关于正面碰撞时乘员保护性能的规定，NHTSA 也在研究更严格的法规条件内容。

NHTSA 正在考虑增加假人的体格种类、提高碰撞速度以及追加偏置碰撞试验（碰撞车辆与被碰撞车辆中心轴左右偏离的正面碰撞形态）等研究方法。特别是偏置碰撞的研究，采用的不是固定障碍壁，而是正面增加了吸能结构的移动障碍壁（MDB）。

2.2.4　大洋洲（澳大利亚、新西兰）

a. 澳大利亚法规

（ⅰ）澳大利亚安全法规的概要　澳大利亚的车辆安全法规大致由 ADR（Australian Design Rule：联邦性能标准）、CDR（Consolidated Draft Regulation：联邦结构标准）及各州法规构成。在 1983 年 7 月召开的第 63 次澳大利亚运输咨询会议（Australian Transport Advisory Council）上提出对上述 3 个法规进行整合，1987 年 7 月作为 ADR 的第 3 版，发布了联邦车辆统一法规。1989 年 8 月 1 日发布了新机动车标准，引入第 3 版 ADR 之时，ATAC 提出了如下 3 个建议。

● 积极推进国际安全设计标准调和，技术委员会如无特殊理由，应充分考虑澳大利亚标准和 ECE 标准的整合性。

● 技术委员会认真讨论 ADR 车辆分类事宜。

● 有关新车设计及结构的所有标准都纳入国家 ADR 系统中，但力争 ADR 认可方式简单化。

原则上来讲，联邦政府不具有汽车的安全及环境法规权限，权限仍在州政府一级。

（ⅱ）ADR 的制定过程　制定 ADR 的澳大利亚政府组织机构如图 2-8 所示。ADR 是以联邦运输通信省（Department of Transport and Communications：DOT&C）、国家道路运输委员会（National Road Transport Communication：通称 NRTC，由各州运输省构成）和联邦运输部的联邦道路安全局（Federal Office of Road Safety：通称 FORS）为主体，联合各州政府及联邦政府统一制定的。法规制定之时，NRTC 对法规制定的成本效果、社会趋势等进行大方向的把握，FORS 具体推进法规的制定工作。具体来说，ADR 条件由成立的各专家工作小组（Single Issue Working Groups：通称 SIWG）制定，另外，由州政府、联邦政府及相关业界团体组成的 TLG（Technical Liaison Group）专家小组作为针对 NRTC 及 FORS 的咨询机构，要对包括车辆安全法规的技术性问题进行讨论。最终，NRTC/FORS 总结的提案经联邦运输通信省及各州运输大臣构成的运输大臣会议审核认可，形成最终的

ADR 法规并由联邦政府正式发布。

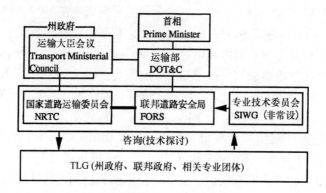

图 2-8 制定 ADR 的澳大利亚政府组织机构

(iii) 澳大利亚安全法规的现状及特征 ADR 为澳大利亚车辆安全法规，目前 ADR 由横跨安全、环境领域的 70 项法规内容构成，ADR 的代表性内容见表 2-9。ADR 的安全法规内容主要分为等效美国 FMVSS、等效欧洲 ECE 和澳大利亚安全法规 3 个大类别。最具有代表性的澳大利亚安全法规特有内容为 ADR34 强制安装儿童约束装置固定器条件。

最近，澳大利亚针对车辆安全问题采取了各种积极措施，1992 年 12 月制定了 ADR69 正面碰撞乘员保护法规（相当于美国 FMVSS208），自 1996 年 1 月开始所有乘用车都要强制执行该法规。另外，还提出将原来仅适用于乘用车的安全带（ADR4）、安全带固定器（ADR5）、头枕（ADR22）、侧门强度（ADR29）以及高位制动灯（ADR60）等法规扩大到商用车领域，并于 1994 年 12 月最终确定，于 1996 年 7 月开始实施。

表 2-9 ADR 法规项目一览表

No.	项目名称	内容	适用车型
1/00	倒车信号灯	光度条件、发光色：白	●◎□◆◇▲▼▽
2/00	门锁 & 铰链	强度条件；装备条件（安装儿童锁的情况下）	●◎□◆　▲▼▽
3/02	座椅固定器	强度条件：座椅前后方向载荷、后方惯性测试。释放机构耐惯性力、靠背能量吸收、可倒式/铰链式座椅安全锁机构	●◎□◆◇▲
4/02	安全带	ELR 安全带、防安全带脱落、误锁死、搭扣位置	●◎□◆◇▲▼▽
5/03	安全带及儿童约束装置固定器	安全带固定器数量、卷缩固定器/导槽位置、安全带固定器强度、儿童座椅固定器数量	●◎□◆◇▲▼▽
6/00	方向指示灯	光度条件、发光色：琥珀色	●◎□◆◇▲▼▽
7/00	制动软管	零部件性能条件	●◎□◆◇▲▼▽
8/01	安全玻璃	透光率、合成玻璃（前）、基本视野范围	●◎□◆◇▲▼▽
10/01	转向柱	车身试验、障碍壁试验：转向系统后移量	●◎□◆　▲

（续）

No.	项目名称	内容	适用车型
11/00	遮阳板	安装条件（防止碰撞时伤害头部）、能量吸收条件	●◎□◆　▲▼
12/00	视野防眩	刮水器、内后视镜、转向系统（零部件、手柄）、车窗室内装饰条防眩	●◎□◆◇▲▼▽
13/00	照明安装规定	照明类安装及可见性	●◎□◆◇▲▼▽
14/02	后视镜	强制安装内后视镜、外侧后视镜、性能条件	●◎□◆◇▲▼▽
15/01	风窗除雾器	安装除雾器、性能条件	●◎□◆◇▲▼▽
16/01	刮水器、洗涤器	刮水器：安装、刮扫速度、性能条件 洗涤器：安装、性能、强度、耐热、耐寒、耐久、储液罐容积	●◎□◆◇▲▼▽
17/00	供油系统	位置、设计条件、燃料切断装置（仅柴油车）、燃料加注速度、耐压、油箱下落试验条件	▼▽
18/02	测量仪器位置及可见性	测量仪器的位置及可见性、显示方法条件	●◎□◆◇▲▼▽
20/00	安全轮辋（轮胎）	高速行驶时轮胎缺气时，停车前的胎压保持	●◎□◆
21/00	仪表板	能量吸收条件、碰撞时条件	●
22/00	头枕	前座椅外侧安装、位置尺寸、向后移动的强度	●◎□◆
23/01	乘用车轮胎	轮胎单品性能条件（不含LT轮胎）、轮胎/轮辋尺寸标准	●◎□◆　▲
24/02	露天胎选择	轮胎标牌粘贴、负荷率条件、胎压条件	●◎□◆◇▲▼▽
25/02	转向盘锁（防盗）	钥匙组合、"防盗"位置条件、强度条件	●◎□◆　▲
28/01	车外噪声	加速噪声、排气噪声	●◎□◆◇▲▼▽
29/00	侧门强度	抗破坏力条件	●◎□　　▲
30/00	柴油黑烟	黑烟法规	●◎□◆◇▲▼▽
31/00	乘用车制动系统	行车制动器/驻车制动器性能条件、行车制动器故障警告灯条件	●
34/01	儿童约束装置固定器	汽车厂家强制安装固定器	●◎□◆◇
35/00	商用车制动系统	行车制动器/驻车制动器性能条件、行车制动器故障警告灯条件	◎□◆◇▲▼▽
36/00	大型车辆尾气排放	（仅汽油车）HC、CO法规值、防漏气结构、排放标签条件、提供书面维修要领	◎□◆◇▲▼▽
37/00	尾气排放	（仅汽油车）HC、CO、NOx法规值、蒸发气体法规值、急速起停条件、燃料加注口、结构条件、排放标签条件、无铅汽油标签条件、防漏气结构、书面提供维修要领	●◎□◆　▲
41/00	强制使用无铅汽油	燃料加注口结构条件、无铅汽油标签条件	◎□◆◇▲▼▽

（续）

No.	项目名称	内容	适用车型
42/02	一般安全	安全有关的结构条件	●◎□◆◇▲▼▽
43/03	重量、尺寸	车辆尺寸规定	●◎□◆◇▲▼▽
44/02	特殊用途车辆结构法规	出租车、急救车、消防车、警车、LPG车、旅行车、列车、牵引载货车结构条件、客车紧急出口条件	●◎□◆◇▲▼▽
45/00	ECE未覆盖的照明类	下述照明发光颜色、光度及配光条件 侧面示廓灯、车内阅读灯、后部示廓灯、转向灯	●◎□◆◇▲▼▽
46/00	前照灯	性能条件	●◎□◆◇▲▼▽
47/00	反射器	性能条件	●◎□◆◇▲▼▽
48/00	后牌照灯	性能条件	●◎□◆◇▲▼▽
49/00	位置灯、制动灯、后示廓灯	性能条件	●◎□◆◇▲▼▽
50/00	前雾灯	性能条件	●◎□◆◇▲▼▽
51/00	智能灯泡	性能条件	●◎□◆◇▲▼▽
52/00	后雾灯	性能条件（高位制动灯可不适用此项）	●◎□◆◇▲▼▽
58/01	客车结构法规	出租客车、干线客车用结构条件	◆◇
59/00	可测的侧翻强度	侧翻试验或者结构分析	◇
60/00	高位制动灯	必须至少安装一个（强制）、发光色：红色，配光条件、安装条件	●◎□
61/02	标识	VIN、发动机号、牌照板、基于美国Part541的防盗零部件标识条件	●◎□◆◇▲▼▽
62/00	牵引	连接装置条件（常用连接器装备车辆）	●◎□◆◇▲▼▽
65/00	限速器	大型车强制安装限速器	◇ ▽
66/00	客车座椅、座椅固定器强度以及填充物	改进客车座椅强度条件、强制装备填充物	◆◇
68/00	客车乘员保护	客车座椅、座椅固定器、座椅安全带、安全带固定器、强化儿童约束装置条件	◆◇
69/00	正面碰撞乘员保护	相当于美国FMVSS208（仅90°正面碰撞）	●
70/00	柴油发动机车排放法规	HC、CO、NO_x、颗粒物法规	●◎□◆◇▲▼▽

注：●表示乘用车，◎表示越野乘用车，□表示短头乘用车，◆表示客车（小、中型），◇表示客车（大型），▲表示小型载货车，▼表示中型载货车，▽表示大型载货车。

（iv）澳大利亚今后的安全法规　目前，澳大利亚政府正在考虑将乘用车 ADR69 正面碰撞乘员保护法规扩大到商用车领域，另外还对动态侧面碰撞乘员保护及乘用车正面偏置碰撞乘员保护等安全法规进行了讨论。日本正在研究商用车正面碰撞乘员保护法规，预计澳大利亚也将引入该法规。对于动态侧面碰撞乘员保护法规，目前存在美国 FMVSS214 和欧洲 ECE 两种不同的标准，FORS 考虑采用其中的一种方式，而不再单独制定澳大利亚自己的法规。另外，关于乘用车的正面偏置碰撞乘员保护，FORS 并未打算自己制定法规，而是以欧洲试验车辆委员会所讨论的试验方法为基础。FORS 将自己的研究调查数据提供给 EEVC 及 WP29 共享，积极推进法制化及国际标准协调的进程。

b. 新西兰的安全法规

新西兰的车辆安全法规（Traffic Regulation）制定于 1976 年，其对座椅安全带、前风窗玻璃、高位制动灯结构及性能条件进行了规定。为了确保车辆安全性能及限制二手日本车进口，1987 年 5 月，新西兰政府决定引入新的安全标准。新标准共计 23 项，实施第一阶段时期，要求 1991 年 1 月以后登记的乘用车强制执行高位制动灯、安全玻璃、后视镜、安全带、门锁铰链以及轮辋相关的 7 项内容。

目前，新西兰车辆安全法规由新西兰运输省于 1993 年 8 月成立的新西兰陆地运输安全局（Land Transport Safety Authority：通称 LTSA）负责制定，制定流程一般采用前期草案（通称 Red Phase）、草案（通称 Yellow Phase）、最终法案（通称 Green Phase）3 步骤方法，该方法能够阶段性地反映不同领域专家的意见。

新西兰安全法规的特点是不同的项目分别参考了欧洲 ECE 法规、EEC 指令、美国 FMVSS、澳大利亚 SDR 及日本技术标准，每个项目收录了多个国家的法规内容，只要满足其中一个或以上的法规内容即可。

目前 LTSA 发布的草案（通称 Yellow Phase）预计是新西兰今后要施行的法规，草案涵盖了正面碰撞乘员保护、侧面碰撞乘员保护、转向柱冲击、头枕、内部突起、外部突起等内容。今后这些都有可能成为正式的法规内容。

2.2.5　其他地区

a. 亚洲的安全法规

（i）亚洲法规概要　最近几年亚洲随着汽车社会的快速发展，汽车事故的增加及事故死亡率居高不下，而与之相应的安全法规与欧美相比较却不够完善。虽然对主要结构条件及标准进行了相关规定，但是性能条件及标准的强制性法规几乎没有，也没有实际应用。

在排放法规方面，新加坡、中国香港、中国台湾、泰国等国家和地区已经引入了欧美日等国家和地区的相关标准，基础车型的车辆规格也基本上借用了这 3 个地区的特点。其他国家也紧跟其后加紧了法规强化的步伐，在此对亚洲主要国家和地区的安全法规现状及动向的概要进行说明。

（ii）安全法规现状及特征　亚洲主要国家和地区所辖机构及法规概要总结见表 2-10。

表 2-10　亚洲主要国家和地区所辖机构及安全法规概要

	所辖机构	安全法规的现状
中国香港	—	有照明、安全带等性能条件
新加坡	ROV（陆运局）	有安全带固定器、照明灯性能条件，有玻璃透光率法规
中国台湾	—	正在考虑导入 US、EC、JPN 安全法规及形式认证制度

（续）

	所辖机构	安全法规的现状
菲律宾	LTO（陆运局）	有照明灯等性能条件
泰国	运输通信省－陆运局工业省	有部分燃料泄漏等性能条件，工业省有关于玻璃的强制性标准
马来西亚	RTD（道路交通局）	有照明灯等部分性能条件，登记时需要提供重量、悬架等参数
印度尼西亚	运输省－陆运局	有照明灯等性能条件及形式认证制度（不够完善）

（iii）今后动向　对于城市地区发展不够迅速的道路环境、基础设施、车检制度以及遵守交通法规等减少交通事故对策方面还需要进一步加强。目前，一部分国家正在考虑引入欧美日等国家和地区的某一系的安全法规。另外，各个国家也在考虑引入欧洲实验室及欧美咨询公司，并积极参加JASIC安全专家会议，通过本国的汽车工程师协会向日本汽车工程师协会索取现行法规的相关信息等。预计今后在照明装置、安全带、制动系统、安全气囊以及碰撞法规方面将会受到更多的关注。

关于国际协调标准（Harmonize），从目前的情况来看，亚洲大部分主要国家采用的均是欧洲法规标准，今后这一趋势仍将持续。

b. 中东的安全法规

（i）中东法规的概要　从20世纪80年代初开始，沙特阿拉伯就开始关注汽车安全问题，沙特阿拉伯商务部标准组织（Saudi Arabian Standard Organization：通称SASO）制定了汽车标准（SSA标准），这相当于美国的FMVSS或者欧洲ECE法规。由沙特阿拉伯、巴林、卡塔尔、科威特、阿曼、阿联酋等构成的海湾阿拉伯国家工作委员会（Gulf Cooperation Council：通称GCC，1981年成立）制定了海湾标准（GS标准），从1985年开始在GCC各成员国之间分阶段引入实施。不过由于目前部分国家仍然使用本国的标准，并没有实现完全的标准协调。

海湾标准制定时基本上统一了GCC各成员国的标准，由于历史原因，很多内容依然沿用了沙特阿拉伯SSA标准。制定海湾标准时，由GCC事务局负责各国家间的协调工作，完成海湾标准草案，最后经GCC内阁理事会（Board of Director：通称BOD）认可后形成最终正式的海湾标准。

（ii）安全法规的现状及特征　目前，海湾标准横跨安全及环境领域共计38个项目内容，基本内容相当于美国FMVSS或者欧洲ECE法规。另外，还有电池、散热器、热带防尘、收音机频率、速度警报、各种阿拉伯语标识条件等特有的海湾标准或沙特阿拉伯SSA标准。上述特有标准内容以外有关安全的海湾标准内容如下：

① 类似美国FMVSS的正面204、侧面（静载荷）、后面碰撞乘员保护及顶篷强度。

② 类似美国FMVSS或者欧洲ECE法规的安全带、头枕、后视镜、正面风窗玻璃、扬声器、保险杠损伤性及门锁铰链。

③ 内饰件阻燃性。

另外，GCC当局指出，海湾标准及沙特阿拉伯SSA标准中没有的项目需要满足生产国的标准（country of origin）。

（iii）今后安全法规动向　目前正在讨论的有关海湾标准及沙特阿拉伯SSA标准草案内容还有载货车及客车的轮胎、乘用车制动系统性能、限速装置、巡航巴士的安全条件等，今后这些内容有可能成为正式的法规项目。

c. 拉丁美洲的安全法规

（i）拉丁美洲地区的概要　拉丁美洲国家中，包含装备前照灯等简单内容在内的车辆安全法规几乎已经普及，只是与欧美日等国家和地区比较，体系尚不够完善。其中，法规内容相对较完善的国家有墨西哥、巴西、智利、哥伦比亚、哥斯达黎加和阿根廷等。

（ii）安全法规的现状及特征　目前，拉丁美洲没有类似欧洲的统一法规，各国分别制定及实施自己的法规，而且大部分都借用了美国或者欧洲的法规。例如墨西哥基于本国国情，参考美国 FMVSS 和日本保安标准制定并实施了墨西哥安全法规。阿根廷最近发布了基于欧洲法规的法规。从实际应用角度来看，与欧美日比较，目前包含政府机构等组织基础在内，还不是十分健全。在智利等具备应用推进组织的国家，如果不满足法规内容的要求，将会进行处分并强制其停止销售。法规内容方面如上所述，尚未形成统一的标准。而像巴西及阿根廷等法规体系相对比较完善的地区主要还是以借用欧美法规为主。另外，智利已经增加了强制安装高位制动灯等法规条件。

而像欧美的正面及侧面碰撞时的伤害值条件目前还不具备。在实施车辆法规适应性证明时，巴西等几乎所有的安全法规项目均以美国 FMVSS 或者欧洲 ECE/EEC 的适应性证明替代。

（iii）今后安全法规的动向　预计今后拉丁美洲在引入安全法规时，仍然会以美国或欧洲法规为主。而且由于一般均采用直接应用欧美法规的方式，不排除不远的将来会引入 FMVSS208 项这种高技术水平法规内容的可能性。不过，推行法规应用的政府机构等组织基础要想达到欧美相当的水平还需要一定的时间。今后随着 NAFTA（北美自由贸易协定）的扩大及 MERCOSUR（南方共同市场）等地方经济圈、共同市场的进一步发展，预计引入统一法规也将被提上日程。

2.3 国际标准的协调动态

2.3.1 国际标准的协调

一般情况下，标准及认证制度都是根据各个国家的交通现状、基础设施建设情况及其他多种因素相关的社会环境而制定的。目前，汽车还没有类似船舶及飞机的国际统一标准，各国都在推进各自的标准及认证制度。

因此，各国的汽车厂家在向其他国家出口汽车的时候，必须满足进口国家的法规及认证制度，这成了促进自由国际贸易的非关税性障碍，对汽车厂家来说，需要面向进口国家标准有针对性地开发车辆，并在性能方面进行调整，这就增加了大量的开发工时，提高了每台车辆的成本。这些增加的成本最终将转嫁到消费者身上，加重了消费者的负担。不同规格的汽车按照进口地区的标准进行生产本身就是对地球资源和能源的浪费，因此，必须对这种现状进行缓解或改变。

国际标准的协调是指为缓解上述问题，在达成国际性意见统一后对标准及认证制度进行修改，同时有效利用认证制度，以实现汽车的统一规格，减少开发工时，促进汽车的技术开发，提高设计及认证的效率，实现更加低成本及顺畅的车辆出口行为，为全世界的消费者谋取更多的利益，见表 2-11。

表 2-11　标准协调的好处

政府	• 消除非关税障碍（进出口更加顺畅） • 标准制定的高效化 • 审查更加高效及简化 • 安全、环境对策高效化
业界	• 提高开发效率 • 提高生产率 • 降低成本 • 提高认证业务效率 • 推进技术开发
消费者	• 低价格购买汽车 • 选择范围增加 • 提高安全性，改善环境，丰富生活内容

2.3.2 标准的协调方法

标准协调的最终目的是实现全世界统一的标准，这就要求各个国家放弃现行的独立标准，为实现共同的目的而制定出必要的统一标准，在现实社会中，要想把已经形成的多个不同的标准进行统一，需要花费很长的时间，困难重重，而且考虑到各个国家的社会环境实情，采用统一的协调标准未必是最佳选择。因此，标准的国际协调只是各国以标准统一为最终目标，在向目标迈进的过程中，消除各国间标准的矛盾和冲突，并提高应用效率，实现标准的统一化。

标准将本着一项目就是一标准，一个项目不能涵盖多个规定，而要想实现各个国家的标准协调，就要制定统一的标准，这也是上面所说的终极协调目标。但是，所有的项目都立即形成统一的标准是不现实的，因此，包括标准的运行系统即认证制度在内对标准及认证制度的运行方法进行研究，采取多元化的普及方式，则更容易推行标准的统一化。标准协调的基本方法可以从以下3个方面来考虑，不同的方法相互结合渗透，能够得到更有效的国际标准协调效果，如图2-9所示。

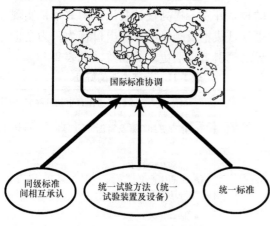

图2-9　标准协调的途径

a. 形成统一标准

标准协调的最终目标。

统一标准并不是网罗所有国家现行的标准条件而制定统一的标准，而是为达成参与国共同的目的而构建所需的最少化的新标准。

b. 统一试验方法

在形成统一标准之前，首先要实现各国试验方法的统一，各国可以根据需要调整判断标准。当一个项目中包含多个试验项目的情况下，各国可根据实际情况仅对所实施的试验设定判断标准。

能够满足苛刻判断标准的一般都能够满足较宽松的标准要求。

通过统一试验方法达到试验装置及设备的统一，进而将大大缩短试验的工时。

c. 同级标准间相互承认

这是指国与国之间相互认可对方的标准具有与本国标准同等效力。试验方法和判断标准各不相同，但是从技术角度看得到的结果是一样的或者水平相当，即两个国家或地区虽然标准不同，但是同样能够实现标准的协调。

2.3.3　日本针对国际标准协调所采取的对策

1975年以来，日本运输省为了方便日本进口汽车，接受欧洲及美国政府以及业界的提议，对汽车的标准及认证手续进行了诸多便宜性的调整。

例如认证手续：

① 向海外汽车厂家免费派遣检察官员。

② 可通过国外公认试验机构实施认证试验。

标准相关：

① 对于部分项目，赋予欧洲、美国标准与日本标准同等效力。

② 修订标准时，欧洲生产的汽车法规实施时间比日本国产车延后2年。

③ 制定标准时，如果欧洲及美国已经存在该标准内容，则尽可能参考已有标准内容。

日本为促进汽车标准的国际协调，积极地开展了各种活动。

1985年，在越来越明显的贸易不均衡背景下，为促进汽车进口及简化认证手续，完美应对消费者需求的多样化，日本政府提出了"action program"的战略。

为了最大限度地确保车辆的安全性,对日本汽车标准与欧美标准进行了整合,并确定了以下方针。

"鉴于美国、欧洲及日本的汽车标准各不相同,通过相关国家的大力合作,进一步促进汽车标准的国际协调,对 ECE/WP29 做出积极贡献。另外,对于 ECE/WP29 关于标准国际协调项目,将以最快的速度引用到日本标准中。"

为推行该方针政策,日本政府与非政府组织合作,于 1987 年 10 月成立了新的组织 JASIC(日本汽车标准国际化中心),进行与标准协调相关的试验研究,如图 2-10 所示。1988 年 3 月,该中心设立日内瓦事务所,强化了参与 WP29 的体制,该事务所参加了所有 ECE/WP29 及 GR 专家会议,选择性地参加了其他国际性会议,积极推动了国际标准协调活动的发展。另外,为实现 ECE 法规国际标准协调,日本也派遣专家提出了意见及建议,并提供了相关的资料。

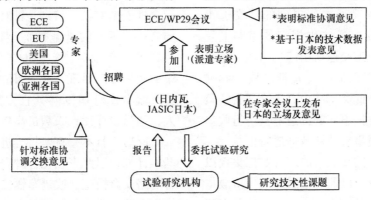

图 2-10　JASIC 的活动

另外,日本政府为推动标准的协调,也向 WP29 表明了以下态度。

① 制定及修订标准时,将以标准的国际协调为重中之重。

② 对于 WP29 所确定的需要进行国际化的标准,将尽快引入到日本标准中。

③ 积极为 WP29 标准国际协调活动做出贡献,努力为 WP29 及其分会提供建议及技术数据,以期望成为加盟国,并期望在日本召开分会。

④ 日本政府将随时准备同任何国家针对汽车标准协调进行意见交换。

2.3.4　联合国 ECE/WP29 的作用

虽然日本是联合国成员国,但是并不是 ECE 条款第 7 条及第 8 条中所说的 ECE 会员国或欧洲国家,根据 ECE 条款第 11 条,非 ECE 会员国的联合国成员国有参会的资格,但是没有制定法规的投票权。日本认为 ECE/WP29 是推进国际标准协调的现有组织中最有效的组织,因此将参与该会议及相关活动作为最重要的业务内容。

另外,1994 年 3 月,ECE/WP29 基本法案《1958 年协定》的修订案被认可,日本政府也为批准该协定而开始进入准备状态。

美国针对《1958 年协定》提出了进一步修订(umbrella agreement),进一步推动了国际标准协调的世界性论坛组织体制的完善。针对美国这一提案,包含日本在内的非批准国家在 WP29 的 A.C.2 会议上进行了讨论。

另一方面,亚太地区国家间针对 ECE/WP29 也开始推进标准协调项目(APEC TPT 工作组)的发展。

[秋叶忠臣]

第3章 事故分析的现状

3.1 交通事故的概要

3.1.1 日本的交通事故

a. 交通事故的定义

在日本道路交通中所提到的"交通事故"是指在道路交通法中规定的道路上发生的车辆等及轨道交通所引起的事故,主要是指伴有人的伤亡事故(人身事故)和财产损失的事故。此类事故由日本交通警察负责调查,警察厅按不同的都道府县进行收集并作为全国交通事故统计数据进行汇总。

目前,日本的交通事故统计数据集仅以人身事故为对象。以前对于财产损失事故也进行数据收集,从1966年开始仅对在高速公路上的财产损失事故进行统计,而自1994年起该项统计也不再继续。

另外,对因交通事故导致的死亡也进行了定义,是指事故发生后"24小时以内的死亡",交通事故统计数据也是以此为基础的。在全球交通事故统计中,将事故发生后"30日内的死亡"定义为交通事故死亡的国家占大多数。为了与国际上的主流统计方法相适应,警察厅于1993年开始,同时吸收了对"事故发生后30日内"的死亡人数调查统计的方法。

b. 交通事故的发生状况

在日本,交通事故发生的数量随着汽车化的不断发展一直呈上升的趋势。据记载,在日本1970年发生的交通事故有718080起,死亡人数为16765人,受伤人数为981096人,达到了历史最高点,交通事故成为人们无法忽视的严重社会问题。日本举国上下开始采取相应措施,国家制定了交通安全对策基本法。在此基础上,日本从1971年开始每5年制定一次交通安全基本计划。日本政府、地方公共团体及相关机构团体等上下一心促进交通安全措施的施行。在早期计划中,以交通安全设施为主推进了综合性安全对策,特别是针对交通社会中的弱者——行人的措施被提到诸多措施的首位。1971年以后,实施的各种交通安全对策的效果逐渐显现,交通事故中的死亡人数持续减少,到1979年死亡人数降到了8466人,约是以往死亡人数最高年份的一半。

此后,日本一直坚持推进五年交通安全基本计划,以此来强化各种安全措施,如完善道路安全措施、改进车辆安全标准、通过修订道路交通法强制摩托车驾驶人佩戴安全帽及安全带等。但是,进入20世纪80年代后,交通事故死亡的人数又有抬头的趋势。1988年死亡人数又重新突破了一万人,之后一直到1994年连续7年死亡人数都在一万人以上。1994年交通事故死亡人数为10649人,虽然同比下降了2.7%,但是受伤人数却达到了879397人,同比上升了0.1%,也就是说交通事故仍然朝着恶化的趋势发展。20世纪60年代交通事故死亡人数迅猛增加的情况被称之为"交通战争"。近些年的交通情况有的人将其称为"第二次交通战争"。死亡人数、受伤人数及事故发生数量的推移如图3-1所示。

3.1.2 汽车化发展进程及交通事故

日本汽车的保有量1970年约为1949万辆,到了1993年上升到了6573万辆,23年间增长了2倍多,日本民众约每2人1辆,普及率相当高。含摩托车在内的机动车

第3章 事故分析的现状

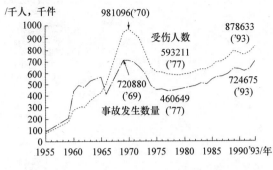

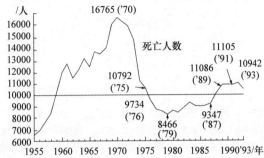

图 3-1 道路交通死亡人数、受伤人数及事故发生数量的推移

注：1. 来自日本警察厅资料。
  2. 1959 年以前的数据不包含轻微伤害事故（痊愈时间少于 8 天，财产损失低于 2 万日元）。
  3. 1966 年以后的事故数量不包含财产损失。
  4. 1971 年以前的数据不包含冲绳县。

保有量达到了 8211 万辆。另外，1993 年驾驶证持有人约为 6570 万人（包含摩托车驾驶证和电动车驾驶证持有者），约为 1970 年的 2.5 倍。这一数字相当于可考取驾驶证人群（16 岁以上的适龄人口）的 65% 左右，其中男性约占 80%，女性约占 50%。从汽车行驶的里程数来看，1970 年为 2260 亿 km，1992 年增长到了 6782 亿 km，增长了约 2 倍。

另一方面，从交通的平台——道路的情况来看，虽然总实际长度仅仅比 1970 年增加了一成左右，约为 112 万 km，但是对道路的铺装等进行了改进，如高速公路从 1970 年的 638km 增长到了 1992 年的 5404km，约增长了 7 倍多。随着汽车化社会的迅猛发展，伴随而来的交通流量也大幅度增加，如今发生交通事故的概率也大大增加。道路交通指标的推移如图 3-2 所示。

随着汽车的保有数量不断增加，驾驶证持有人数也不断增加，经济活动和国民生活方式的变化使得道路交通在质和量两方面都发生了变化，近年来的交通事故特征也在不断变化。从年龄层来看，死亡人数中 16 到 24 岁的年轻人和 65 岁以上的老年人有所增加；从状态来看，事故中乘车人的死亡人数有所增加，其比例也居高不下。不同状态的交通事故推移如图 3-3 所示。另外，近年来夜生活越来越活跃，导致夜间汽车交通流量增加，夜间死亡事故发生数量也有所增长，1980 年以来已经超过了白天的交通事故数量。另外，周末及休息日的死亡事故数量也有所增加，女性驾驶人及老年驾驶人人数的增加也使得该类人群的事故数量有所上升。

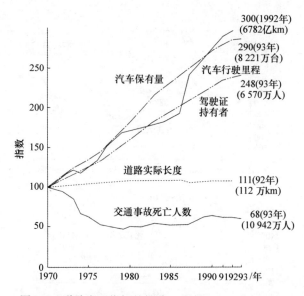

图 3-2　道路交通指标的推移（指数：1970 年 = 100）

注：1. 交通事故死亡人数及驾驶证持有者数量来自警察厅资料，驾驶证持有者人数为各年 12 月末的数据。
2. 汽车保有量数据来自运输省资料，电动车及小型特殊汽车保有量数据为各年份的 4 月 1 日截止，其他保有量为各年份的 12 月末数据。
3. 汽车行驶里程数来自运输省资料，微型车数据为 1987 年度数据。
4. 道路实际长度来自建设省资料，为各年份 4 月 1 日的数据。

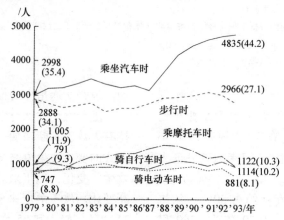

图 3-3　不同状态下的交通事故死亡人数的推移

注：1. 来自警察厅资料。
2. （）内为交通事故死亡人数中不同状态下死亡人数的构成比例。

3.1.3　交通事故的国际对比

从全球的角度对比交通事故发生情况的话，由于国家不同，人口、汽车等的普及率、交通法规、道路交通环境也各不相同，针对交通事故的死亡人数等的统计方法标准也存在差异，因此很难直接进行比较。另外，各国负责交通事故调查及数据收集的机构也不尽相同。以美国、德国、英国等为主的国家倾向于将交通事故的死亡界定在"事故发生后的 30 日以内的死亡"，而日本、西班牙等则定义为"24 小时以内"，法国为"6 日内"，意大利为"7 日内"。一般在统计时，都将死亡人数换算为事故发生后

第3章 事故分析的现状

30日内的数量进行统计，主要数据指标有单位人口、单位车辆保有量及车辆行驶里程等数值。

图3-4所示为欧美主要国家与日本对交通事故死亡人数推移的比较，从图中可以看出，20世纪80年代以后，欧美主要国家推进了禁止酒驾、强制系安全带等对策，死亡人数趋于减少。美国在1988年曾一度有增加的趋势，不过1989年开始又急剧回落。德国在1989年统一后，曾经一度增加，而从1992年开始呈现出减少的趋势。而日本总体来看是趋于增加的。

势。法国虽居高位，但是下降幅度也相当大。德国自统一后虽一度走高，但从1992年开始再度下降。日本处于中游位置，略有下降，但是减少比例很小。

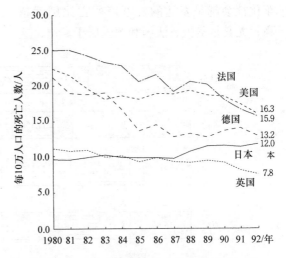

图3-5 欧美主要国家与日本每10万人口的
交通事故死亡人数的推移

注：1. 主要取自警察厅交通统计资料。
    2. 1989年以前的德国数据中只包含联邦德国。
    3. 死亡人数为30日内死亡人数的换算值。

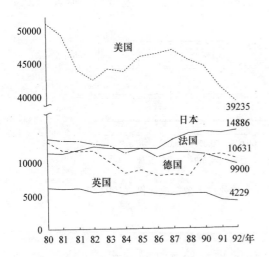

图3-4 欧美主要国家与日本交通事故死亡人数推移

注：1. 根据ECMT资料及各国统计资料完成。
    2. 1989年以前的德国数据中只包含联邦德国。
    3. 死亡定义为事故发生后30日以内死亡的人员，其中法国及日本为30日内死亡人数的换算值。

a. 与人口、汽车保有量对应的死亡数

图3-5所示是以10万人为单位进行的欧美主要国家和日本交通事故死亡人数的推移比较，图中可以看出，法国和美国居于高位，英国最低，日本处于中游位置。而相对于欧美主要国家趋于减少的倾向，日本则呈上升趋势。另外，从图3-6的汽车保有量每1万辆车的交通事故死亡人数推移来看，各国均是随着保有量的增加呈逐年减少的趋

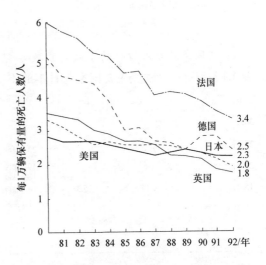

图3-6 欧美主要国家与日本每1万辆保有量的
死亡人数推移

注：1. 根据ECMT资料及各国统计资料完成。
    2. 死亡人数为30日内死亡人数的换算值。
    3. 1989年以前的德国数据中只包含联邦德国。

b. 不同状态的交通事故死亡的构成率

图3-7所示为欧美主要国家交通事故不同状态下的死亡人数比例，从图中可以看出，汽车乘车人的死亡比例最高，可以说汽车化社会越是发达的国家该死亡比例就越高，尤其是美国、法国和德国居于高位，这一特点非常明显。日本和英国与其他国家比较，行人所占的死亡比例最高，特别是英国达到了31.9%。日本汽车乘车人员死亡所占比例为41.8%，比欧美主要国家低，但是呈现每年增加的趋势，未来很有可能向"欧美型"事故形态发展。

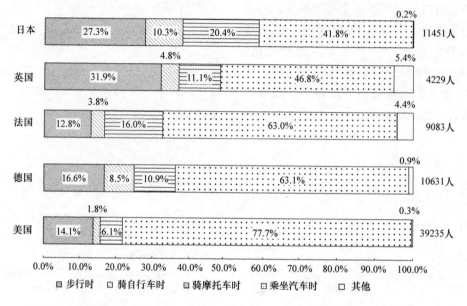

图3-7 欧美主要国家与日本不同状态的交通事故死亡人数构成比例（1992年）
注：1. 根据各国统计资料制作。
2. 死亡人数根据各国定义得出。

c. 不同年龄层人口数的事故死亡数

图3-8所示为欧美主要国家与日本的不同年龄层每10万人口的死亡人数比较，从图中可以看出，各个国家的0~14岁的婴幼儿死亡人数均是最低的。各个国家15~24岁的青少年死亡人数大多在25%~30%的范围，其中法国、美国、德国最高。而25~64岁这一中青年阶段的死亡人数在各个国家总死亡人数中均占了半数左右。

日本65岁以上的老龄人群占总死亡人数比例约为27%，与欧美主要国家比较，人口老龄化虽然没有进一步发展，但是这一年龄层的每10万人口的死亡人数最高的国家。日本老龄人群死亡事故中，行人占了半数以上。近年来，汽车乘车人员死亡人数在逐年增加，增加比例也居高不下。对于出生率越来越低的日本来说，老龄化将是一个更

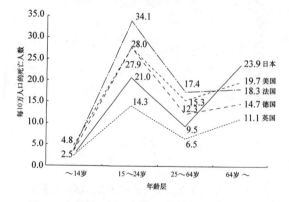

图3-8 欧美主要国家与日本不同年龄层每10万人口的死亡人数（1992年）
注：1. 根据OECD IRTAD资料制作。
2. 死亡人数为事故发生后30日内死亡人数的换算值。

为严峻的社会问题。

[井上胜]

3.2 日本及欧美的事故调查分析

3.2.1 日本的交通事故调查分析

a. 交通安全推进体制

日本自 1970 年制定了《交通安全对策基本法》，开始推进交通安全对策，并于 1971 年开始实施交通安全基本计划的五年计划。交通安全基本计划六五计划（1996～2000 年）的目标为：1997 年交通事故死亡人数降到 1 万人以下，到 2000 年降到 9000 人以下。同时，日本还推出了相应的综合性交通安全对策。

如图 3-9 所示，交通安全推进体制有中央交通安全对策会议和交通对策本部。中央交通安全对策会议的目标是制定交通安全基本计划并及时进行推进、审议其他有关交通安全的综合性措施等重要策划案并及时进行对策推进。交通对策本部的作用是为确保交通安全及都市交通畅通及高效化等，与相关行政机构相互沟通联络，推进综合性且有效的对策。

由道路交通安全省厅负责推进。另外，还有警察厅的科学警察研究所、运输省的交通安全公害研究所、建设省的土木研究所等调查研究机构负责交通安全相关的调查研究。

另外，还有（财）全日本交通安全协会及（社）日本汽车联盟（JAF）等协会团体推动全国性的交通安全活动。

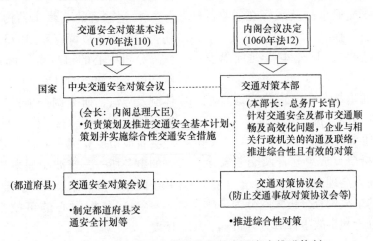

图 3-9 日本国家及各都道府县的交通安全推进体制

b. 交通事故的调查分析

日本的事故调查分析工作由道路交通安全省厅（如警察厅的人身事故调查分析）及（财）交通事故综合分析中心进行调查分析。这里将以（财）交通事故综合分析中心的事故调查分析为主进行介绍。

(i) 财团法人交通事故综合分析中心概要　交通事故综合分析中心（以下简称分析中心）成立于 2002 年 3 月 5 日，为日本警察厅、运输省及建设省三省厅所管辖的财团法人。

（1）分析中心的目的：分析中心的目的是通过交通事故与人、道路交通环境及车辆相关的综合性调查研究，防止交通事故及减轻交通事故导致的伤害，构建安全、顺畅、有序的交通社会，提高社会公共福祉。

（2）分析中心的组织机构：分析中心由总务部、业务部和研究部 3 部分构成，业务部包括筑波事故事例调查事务所。分析中心的组织机构如图 3-10 所示。

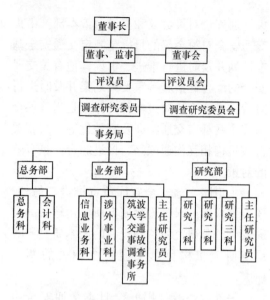

图 3-10 （财）交通事故综合分析中心组织机构

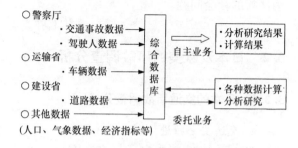

图 3-11 交通事故综合数据库概要

（3）主要业务内容：
- 针对防止交通事故及减轻交通事故伤害进行必要的信息收集及管理。
- 进行交通事故调查，科学地了解交通事故的原因。
- 进行交通事故与人、道路交通环境及车辆相关的综合性分析研究。
- 有关上述项目的业务委托。
- 提供分析研究成果，普及交通安全相关知识及交通安全理念。

分析中心的事故调查分析大致分为事故统计数据调查分析和事故事件调查分析。

（ii）分析中心的事故调查分析

（1）交通事故统计数据调查分析：分析中心从相关政府机构获取交通事故相关的数据（交通事故统计数据、驾驶者数据、车辆数据、道路数据等），对数据进行一元化管理，并对数据进行整合，提炼出关键数据，从综合性观点进行全新分析，搭建综合数据库，利用该综合数据库对自主业务及委托业务进行各种分析和计算。

交通事故综合数据库概要如图 3-11 所示。

（2）交通事故事件的调查分析：传统的做法是相关政府机构根据需要进行各种事故事例的调查，典型的事故事件调查分析内容如下所示，而分析中心在此基础上继续进行调查分析。

- 警察厅：汽车安全驾驶中心的《交通事故伤害实态及其伤害减轻对策相关调查研究》（1990～1992 年）
- 运输省的《汽车结构及装置与乘员伤害相关的事故调查》（1973～1992 年）

分析中心的事故事件调查分析从 1992 年开始选定调查的对象地区，确定调查分析体制及方法，研究调查项目并确定调查员，准备调查用车辆及器材。1993 年 4 月在茨城县筑波市成立第一个进行交通事故事例调查的事务所——筑波交通事故调查事务所，并于同年 8 月开始展开调查业务。

（iii）分析中心的事故事件调查分析概要

（1）调查地区：原则上，调查地区为茨城县筑波市及土浦市（筑波中央警察署、筑波北警察署及土浦警察署管辖区域内）。根据需要也可以对其他地区发生的交通事故进行调查。

（2）调查事故：选择调查事故时，原则上死亡事故要全部进行调查，重伤事故及轻伤事故调查件数约为该类事件总数的 1/3 左右。根据需要也可以对物品损失事故及特殊事故进行调查，另外，所有的事故类型都要进行调查。

（3）调查体制：筑波交通事故调查事

务所设所长 1 人（目前兼任业务部长）、调查员 8 人（其中主任调查 2 人）、综合业务员 1 人，共计 10 人。

① 调查员：调查员由具有"人、道路、车"相关专业知识的 4 名专业人士组成调查队 1 组。目前，筑波交通事故调查事务所增设了调查队 2 组。

② 调查时间：调查队的调查时间为 7:00 ~ 19:00 的 12h 工作制。具体来说，A 组调查时间为 7:00 ~ 15:00，B 组调查时间为 11:00 ~ 19:00，每隔 2 周两组交接换班。

③ 调查车辆：准备了事故现场调查用紧急车辆 2 台（由茨城县公安委员会制定的紧急车辆）及追踪调查用车辆 2 台。

（4）调查件数：每年的调查件数约为 300 件。

（5）调查方法：如图 3-12 所示，在工作时间内发生交通事故时，调查队根据警察署的通报判断是否作为调查对象，当确定为需要调查的事故后，立即赶往事故现场进行调查，同时进行车辆、人身伤害以及急救等追踪或补充调查。另外，当事故发生在非工作时间时，当天早晨或者第二天早晨接收通报后判断是否需要调查，并抵达事故现场进行车辆、人身事故急救等调查（追踪调查）。

交通事故调查方法概要如图 3-12 所示。

（6）调查项目：调查项目大致分为共通项目、人为因素调查项目、车辆调查项目、道路交通环境调查项目、急救/救援调查项目、车辆乘员及行人伤害调查项目。各调查领域主要调查项目如下。

① 交通事故共通项目，主要内容有事故内容、发生年月日、星期、时间、天气、事故相关人数、死伤人数、事故类型、事故相关车辆台数等。

② 关于驾驶人、同车乘员、行人等人为因素的调查项目，主要内容有年龄、性别、身高、体重、事故史、违法史、持续驾驶时间、交通法规内容认知、身心状态、事故回避操作等。

③ 关于车辆的调查项目，主要内容有车辆安全装置装备情况、车辆受损情况及变形量、乘员约束装置启用情况及损伤情况等。

④ 关于道路交通环境的调查项目，主要内容有道路种类、路面种类、路面情况、道路形状、路面标示、有无信号灯及控制方式、有无交通法规及法规内容等。

⑤ 关于急救、救援的调查项目，主要内容有急救车抵达现场时间、受伤情况及应急处理的有无及种类、妨碍急救活动原因有无及内容等。

⑥ 关于车辆乘员、行人伤害的调查项目，主要内容有受伤部位、受伤程度、受伤内容、受伤部位与施害部位的关系等。

（7）调查数据分析：为进行调查数据分析设置了委员会及分会，针对人、道路交通环境、车辆与人体伤害等进行综合性分析。

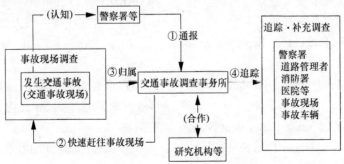

图 3-12　交通事故调查方法概要

3.2.2 美国的交通事故调查分析

a. 交通安全推进体制

美国交通安全对策基础制度为1966年制定的HAS（Highway Safety Act：交通安全法）、国家交通及汽车安全车辆法以及1972年制定的"Motor Vehicle Information and Cost Saving Act"。由DOT（Department Vehicle Transportation：联邦运输省）基于上述法律推进具体交通安全对策计划。DOT的具体及实质性推进组织为NHTSA（National Highway Traffic Safety Administration：道路交通安全局）和FHWA（Federal Highway Administration：联邦道路局）。

其他全国性交通安全活动由NSC（National Safety Council：美国国家安全委员会）和AAA（American Automobile Association：美国汽车协会）等组织负责推进。

图3-13所示为美国交通安全推进体制。

(i) NHTSA（美国高速公路安全管理局） NHTSA着眼于"建立驾驶人及车辆双方平衡的交通安全"，最终活动目标是制定并实施人与车相关的综合性安全措施计划。为有效推动相关活动，NHTSA设立了如下6个部门：

- 立法部
- 法规部
- 交通安全计划部
- 总务部
- 调查研究部
- 政策部

(ii) FHWA（联邦道路局） FHWA有总局、辖区局及地方局（各州）3个局构成，主要业务以道路建设为主，制定包含修缮在内的全美道路安全对策。

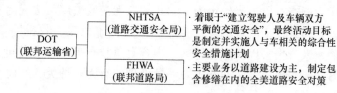

图3-13 美国交通安全推进体制

b. 交通事故调查分析

NHTSA下属的NCSA（National Center for Statistics and Analysis：统计分析中心）以确保车辆安全及交通安全为主旨，从1975年开始收集交通事故数据并开发相关分析程序，推进交通事故调查分析活动。美国主要交通事故调查系统有如下4个。

- FARS（Fatal Accident Reporting System）
- CARD File（Crash Avoidance Research Data File）
- NASS – CDS（National Accident Sampling System Crash worthiness Data System）
- NASS – GES（National Accident Sampling System General Estimates System）

（i）交通事故统计数据调查分析 统计数据主要有FARS（Fatal Accident Reporting System）、NASS – GES（National Accident Sampling System General Estimates System）和CARD File（Crash Avoidance Research Data File），这些数据一般人都可以使用。

（1）FARS（Fatal Accident Reporting System）：

① 调查对象事故。以全美发生的死亡事故（事故发生后30日内）为对象进行全数调查。

② 调查内容。FARS负责人从警察事故报告、车辆登记文件、驾驶证文件、州道路

科室文件等各州的资料中搜集所需的信息并进行编号，记录在 FARS 调查表指定项目。

③ 调查项目。

• 事故调查项目：事故发生时间、天气、明暗程度、道路种类、路线标识、事故类型、道路形状、道路线形、路面情况、交通控制设备启用情况等。

• 车辆调查项目：车辆厂家、型号名称、年型、车辆受损程度、有无翻车、有无装载危险品、有无牵引车、碰撞位置等。

• 驾驶人调查项目：驾驶证种类、有效期、驾驶条件、违法项目、事故史、违法史等。

• 当事人调查项目：性别、年龄、当事人分类、乘车位置、约束装置使用情况、受伤程度、有无飞出车外、有无饮酒及服用药物等。

（2）NASS – GES（General Estimates System）：

① 目的。调查的目的是为了掌握交通事故整体趋势及其特征。

② 调查项目。调查项目如下：

• 关于事故概要的调查项目：37 项。

• 关于车辆/驾驶人的调查项目：36 项。

• 关于当事人的调查项目：18 项。

• 关于行人等的调查项目：18 项。

（3）CARD File（Crash Avoidance Research Data File）：该 CARD File 由进行防止事故相关研究的 NHTSA 搭建。

• CARD file 是根据 6 个州（Indiana、Maryland、Michigan、Pennsylvania、Texas、Washington）的警察报告编制的。

• CARD file 由 Accident、Vehicle、driver 3 个 subfile 构成。

• 1984～1986 年的 CARD file 数据中，Accident subfile 为 4203444 件，Vehicle and driver subfile 为 7431293 件。

（ii）交通事故事件调查分析　NASS（National Accident Sampling System）从 1979 年开始启用，1988 年开始分为以下 2 类。这里仅对 NASS – CDS（Crashworthiness Data System）进行说明。

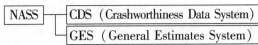

（1）NASS – CDS（Crashworthiness Data System）：

① 目的。其目的是收集交通事故中关于车辆结构及人身伤害等的详细信息，为修改及修订有关车辆碰撞形态、人体工程学调查研究及乘员保护的程序及车辆安全标准提供基础资料。

② 调查过程。NASS – CDS 内容与 1979 年到 1987 年间运行的原有 NASS 系统基本相同，调查过程概要如下：

• 选择调查地点及警察机构。

• 每一调查地点设调查组。

• 各组按照如图 3-14 所示的流程进行调查。

③ 调查地点的选择。调查地点要选择能够代表全美同种事故类型的样本，而且要选择全美地势具有代表性的地区。1922 年开始 PSU（Primary Sampling Unit：调查地点）为 24 处。

④ 调查组。调查组由与 NHTSA 签约的民间组织经营，各调查地点均设有调查组，基本上一个调查组有两三名调查员及若干名助手。

⑤ 调查对象事故。确定为调查对象的交通事故中，事故发生后关于需要牵引的乘用车（因事故无法继续行驶的车辆）、小型载货车、厢式货车等交通事故的调查案件每年约有 7000 件。

⑥ 调查项目。CDS 调查由警察报告调查、车辆调查、现场调查、医疗调查、当面调查等构成，其主要内容如下：

• 警察事故报告调查项目：主要内容有发生地点、车辆制造参数及型号、有无牵引、受伤程度、有无饮酒、碰撞情况概要。

- 车辆调查项目：主要内容有警察数据确认（制造厂家、型号、制造时间）、照片摄影（外部损伤、车内损伤、与乘员碰撞部位等）、车辆外部及内部损伤尺寸测量、各安全装置（安全带、安全气囊、转向盘等）的工作情况详细调查。
- 事故现场调查项目：主要内容有事故证据、路边结构物体损害情况（护栏导轨、电线杆、树木等）。
- 医疗调查项目：主要内容有医院（急诊室、出院记录等）的调查、验尸记录调查、记录数字化等。
- 当面调查：主要内容有获取车辆调查许可、驾驶人行为调查、人性特征调查（年龄、收入、教育情况、性别等）、伤情确认及获取未记录的后续伤情信息以及撞击物、症状、事故发生情景（事件发生顺序）的调查。

⑦ 数据质量管理及数据管理。

- 数据质量管理。进行数据质量管理时，在各PSU录入数据前，调查员要对数据相互进行确认，而且在录入PSU终端时，要检查数据的有效性及整合性。

另外，在各地点提交的数据资料中，如果有涉及个人隐私的内容，在进行数据确认后要进行销毁处理，个人信息不保存在中心数据库中。

- 数据管理。数据库由与NHTSA签约合作的民间组织负责保存、管理。数据库有电子化数据和单独的调查文件2种。

该数据库普通人均可使用，使用人员包括研究人员、汽车厂家以及律师等（公开数据已经删除了个人信息数据，并声明NHTSA事故调查结果不能用于判定事故原因及法律定罪）。

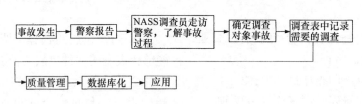

图3-14　NASS–CDS调查流程

3.2.3　英国的交通事故调查分析

a. 交通安全推进体制

DOT（Department of Transportation：英国交通运输部）掌握英国所有的交通安全对策，其工作内容由规划交通相关的法规政策、制定法规、完善基础设施、引入速度标准等。DOT于1933年设立了研究机构TRL（Traffic Research Laboratory：交通研究所），用以推进包含事故调查分析在内的与交通安全相关的研究，如图3-15所示。

为确保道路、车辆、道路使用者的安全，DOT设立了其下属的TRRL（Traffic and Road Research Laboratory：道路交通研究所），1992年道路部门从中分离后改名为TRL。

具有代表性的民间交通安全组织有RoSPA（The Royal Society for the Prevention of Accident：皇家事故预防协会）。RoPA成立于1916年，与国家及地方政府合作，致力于交通安全教育及宣传推广活动。

b. 交通事故调查分析

英国交通事故调查分析系统有STATS19交通事故统计数据调查和CCIS（Co–operation of Crash Injury）事故事件调查分析等。

（i）交通事故统计数据调查分析
STATS19事故统计数据从1933年开始每年进行数据收集，该事故统计数据1951年、1968年及1978年改为了调查表的形式。

1989年开始，对车辆型号、年型、排

第3章　事故分析的现状

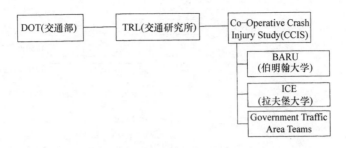

图 3-15　英国交通安全推进体制示意图

量等车辆数据和事故统计数据进行了整合，可以对每个车辆的死亡及人身事故率及致死率等进行分析，1991 年开始公开分析结果。

(1) 数据的收集方法：图 3-16 所示为交通事故数据收集过程。

图 3-16　交通事故数据收集过程

(2) 事故调查的对象：以除北爱尔兰以外的英国境内发生的所有人身事故为调查对象。

(3) 事故统计表式样及调查项目。STATS19 事故统计表由以下 3 部分构成：

- 有关事故概要的调查项目：事故类别、伤害程度、车辆数、死伤人数、事故发生时间（年月日时星期）、道路种类、天气、照明装置状态、路面情况等。
- 有关车辆的调查项目：车辆类别、有无牵引及连接车辆、事故发生时车辆位置、有无侧滑及翻车、碰撞对象车辆类别、碰撞物、一次碰撞位置、驾驶人性别及年龄等。
- 有关死伤人员的调查项目：死伤人员分类（驾驶人、同乘人员、行人）、死伤人员性别及年龄、身体伤害程度、有无使用安全带、行人位置、行人行为等。

(ii) 交通事故事件调查分析　英国事故事件调查有 DOT 及 TRL 的 CCIS（Co‐operation of Crash Injury）和伯明翰大学的事故事件调查。

(1) CCIS（Co‐operation of Crash Injury）概要。

① 目的。为改进车辆安全性及扩展强化法规要求进行基础资料的收集，事故事件调查以减轻车辆及乘员的伤害程度为目的，不对人为因素及道路交通环境相关事故进行调查。

② 发展过程。TRL 自 20 世纪 70 年代早期开始推行 24h 不间断现场事故事件调查。当时对人为因素事故也进行了详细调查，由于经费支出过于庞大而中断。

1983 年开始一直进行 CCIS（Co‐operation of Crash Injury）事故调查。1983 年开始每隔 3 年为一个阶段，Phase1、2、3 已经结束，从 1992 年 6 月开始进入 Phase4 阶段。

- 1983 年～1985 年：Phase1。
- 1985 年～1988 年：Phase2。
- 1988 年～1992 年：Phase3。
- 1992 年～1994 年：Phase4。

③ 调查体制。DOT 及 TRL 委托伯明翰大学、拉夫堡大学及 Government Traffic Area Teams 进行事故调查。DOT 及 TRL 主持召开策划指导委员会会议，讨论事故调查方针及各种课题。图 3-17 所示为 CCIS 调查体制。

④ 调查事故对象，其采样标准如下：

- 死亡事故 100%，重伤事故 55%，轻伤事故 15%。

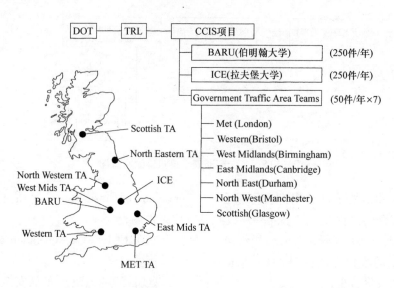

图 3-17 事故事件调查（CCIS）的调查体制

• 乘用车为出厂后 6 年内车辆，大型车辆及小型客车为出厂后 10 年内车辆。

⑤ 调查件数。调查件数约为每年 850 件，其中约 100 件为与大型货物运输及小型客车相关的事故。

另外，850 件事故中含伯明翰大学 250 件/年、拉夫堡大学 250 件/年及 Government Traffic Area Teams 350 件/年（50 件 × 7 个地点）。

⑥ 事故调查费用。总费用的 70% 由政府出资，余下的 30% 由汽车厂家（福特、日产、奥斯汀、路虎）赞助。赞助商具有参加策划指导委员会会议的资格，并可获取事故调查资料及数据的备份。

⑦ 调查方法。以跟踪调查为基础，对事故后车辆及乘员的伤害进行调查。需要警察、医院、维修厂及事故相关人员的合作及支持。

⑧ 调查员：

• 伯明翰大学：事故调查分析人数共 11 人。

• 拉夫堡大学：事故调查分析人数共 10 人。

• Government Traffic Area Teams：共计 35 人。

⑨ 调查项目。对事故概要、车辆受损情况、安全装置受损情况及乘员受伤情况进行调查，不包含人为事故及道路交通环境事故调查，主要调查项目如下：

• 关于事故概要及车辆整体的调查项目：事故发生年月日、发生时间、乘员人数、速度限制、道路类别、事故车辆厂家/车型名称、注册年月、车辆形式、车门数量等、有无特殊事件（浸水、车辆火灾、翻车等）。

• 关于车辆受损情况的调查项目：碰撞部位、碰撞物、CDC（车辆变形分类代码）、车辆外部变形量、车门玻璃/立柱等的变形情况、车内（仪表板、地板、顶篷）变形量。

• 关于安全装置受损情况的调查项目：转向盘、转向柱、座椅、安全带等的变形情况及启用情况。

• 关于乘员受伤情况的调查项目：乘员性别/身高、落座位置等、是否住院、治疗天数、受伤部位、受伤部位情况、施害部位等。

⑩ 事故分析概要。1991 年末数据库登

记的事件约4800件，事故车辆5300辆，死伤人数约为6900人，根据需要对具体事件进行事故分析。TRL的事故分析结果在安全领域的国际会议等场合进行过多次汇报。

（2）BARU（Birmingham University Accident Research Unit：伯明翰大学）事故事件调查分析：

① BARU是英国具有代表性的事故事件调查机构，拥有25年的调查历史。1983年以后主要接受DOT及TRL的委托进行CCIS调查。

② BARU主要进行事故预防及减轻伤害相关的分析，事故分析结果在安全领域的国际会议等场合进行过多次汇报。

3.2.4　德国的交通事故调查分析

a. 交通安全推进体制

BMV（Bundesminister fur Verkehr：联邦运输部）掌握德国全国所有的交通安全对策，由BASt（Bundesanstalt fur Strabenwesen：联邦道路交通研究所）负责与交通安全相关的综合性调查及研究工作。另外，为了对各机构及团体的交通安全活动进行整合及调整，于1969年成立了DVR（Deutscher Verkenhrssicher Heitsrat：德国交通安全委员会），开展更加广泛的活动。ADAC（德国汽车俱乐部）负责车辆故障维修、救助事故受伤人员、碰撞试验、各种性能试验及信息提供、交通安全教育等与交通安全有关的一系列活动的推广。目前ADAC的会员数已经达到了约930万人。

德国交通安全推进体制如图3-18所示。

（i）DVR（德国交通安全委员会）为了扭转交通事故死亡人数骤增的局面，于1969年成立了该组织，是BMV以及各州政府、汽车厂家、ADAC、保险联合会等民间组织构成的官民一体的机构，该组织特别是在交通安全教育及交通安全广告推广等方面积极地开展着各种活动。DVR的组织机构及活动内容如图3-19所示。

（ii）BASt（联邦道路研究所）概要BASt拥有职员约450人，年运营费用约6000万DM，由总务部、交通安全及交通技术部以及道路及桥梁结构部3个部门构成。

BASt针对BMV提供道路建设、交通安全以及其他道路交通问题相关的技术性建议，主要活动如下：

① 制定交通安全理念。

② 调整关于日益增加的与交通事故相关的研究项目。

③ 确立与交通事故相关的研究课题。

④ 进行BASt特有的研究。

⑤ 对交通事故研究结果进行评价。

图3-20所示为BASt与其他机构的关系。

图3-18　德国交通安全推进体制

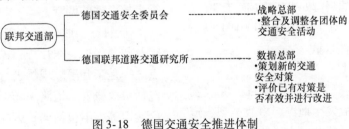

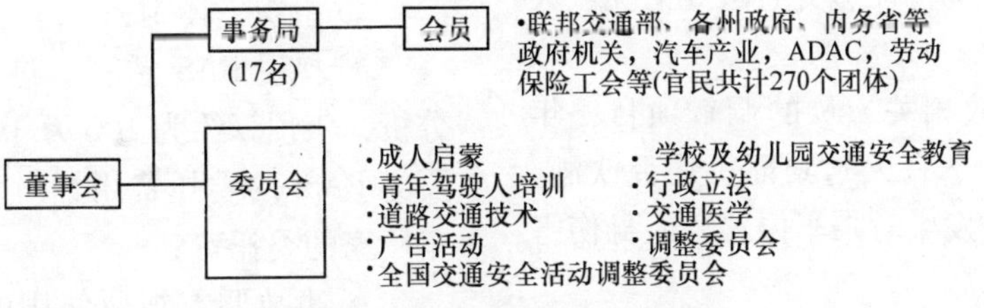

图3-19　DVR组织及活动内容

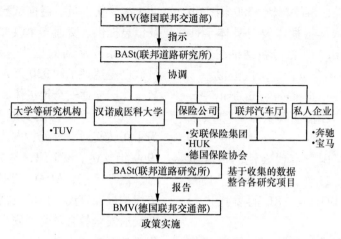

图 3-20　BASt 与其他机构的关系

b. 交通事故的调查分析

事故调查大致可分为交通事故统计数据调查分析和汉诺威医科大学受 BASt 委托进行的事故事件调查分析等。

（i）交通事故统计数据调查分析　事故数据有各州的警察负责收集，地方统计局负责对各州的事故数据进行管理，联邦统计局负责管理全国的事故数据。另外，联邦统计局会将事故数据送到 BASt，由 BASt 对数据进行分析，用于交通政策解读等各种研究及调查。

（1）数据收集方法：事故统计数据收集过程如图 3-21 所示。

（2）调查事故对象：调查事故对象包括所有人身伤害事故和财物损失超过 4000DM 的事故。对于损失在 4000DM 以下的事故仅统计事件数量。

（3）调查项目：

① 关于事故概要的调查项目：事故发生年月日时、事故发生地点、事故类型、道路形状及事故现场特征、交通法规情况、天气、路面情况等。

② 关于事故相关人员的调查项目：年龄、性别、职业、有无驾驶证、是否饮酒、违法类型、事故发生时乘车位置、人身伤害程度等。

③ 关于车辆的调查项目：车型、厂家、型号、年型、有无牵引车、整车载质量等。

④ 其他：有无目击者、财物损失额度等。

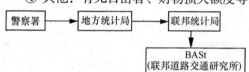

图 3-21　德国事故统计数据的收集过程

（ii）事故事件调查分析　德国事故事件调查分为汉诺威医科大学事故事件调查和汽车厂家等民间团体的事故事件调查。

（1）汉诺威医科大学事故事件调查：汉诺威医科大学是德国具有代表性的事故调查分析机构，1973 年开始接受 BASt 委托进行事故事件的调查。

① 目的：收集汽车安全对策、减轻伤害及救急救援、医疗等相关的基础数据。特点之一是亲赴事故现场进行调查。调查内容包括事故概要、道路现场、车辆、医疗、救急救援等，不包括调查事故发生原因。

② 组织、体制：

● 接受 BASt 委托，进行交通事故调查分析，年预算约为 100 万 DM。预算来源主要为 BASt 的委托费用、州政府补贴以及汽车厂家的委托费。

● 事故调查组所使用的车辆经汉诺威

州警察总部批准，允许紧急情况便宜行驶。

② 调查职员构成如下，主要进行事故再现分析及计算机维护等，其中医生为非全勤。

理工类工程师 3 人；

医师 2 人（非全勤）；

计算机技师 1 人；

秘书（日常事务）1 人。

③ 现场调查员：每个调查组由 5 人（医学相关 1 人、理工相关 3 人、联系调整负责人 1 人）构成，调查员以大学生志愿者为主。

④ 调查地区：调查地区选择以汉诺威医科大学为中心直径约 100km 的地区（20min 内能够达到的事故现场），地区边界以汉诺威郡行政区域划分范围为准。

⑤ 调查事故对象：调查对象为调查地区内发生的所有人身伤害事故。如果事故发生时间很接近，事故调查组可以使用紧急车辆通过无线电联络由一个事故现场赶往另一个事故现场。

⑥ 调查事故件数：事故调查件数如下所示，呈阶段性地增加，目前已经增加到了 1200 件/年。

- 1973～1983 年：约 300 件/年。
- 1984～1985 年：约 600 件/年。
- 1986 年以后：约 1200 件/年。

⑦ 调查项目：调查项目包括事故概要、车辆、道路交通环境、医疗相关、救急救援等，不进行与人相关的详细调查，主要调查项目如下：

- 关于事故概要及交通环境的调查项目：事故发生年月日、死伤人数、事故发生地点、道路形状、有无信号灯、天气等。
- 关于车辆的调查项目：车辆形式、厂家、排量、行驶里程、有无各种安全装置及种类等。
- 关于车辆受损情况的调查项目：车辆有无外部损伤、车辆有无内部损伤及损伤情况等。
- 关于当事人概要及伤害的调查项目：年龄、性别、身高、乘车位置、是否使用安全带、各部位的受伤程度等。
- 关于急救医疗的调查项目：事故发生到救援结束的时间、是否进行应急处理及种类、医院内的治疗内容等。
- 关于事故再现数据的调查项目：行驶速度、碰撞对象、碰撞角度、碰撞强度大小、CDC 代码、碰撞速度等。

⑧ 事故分析概要。调查数据由汉诺威医科大学负责保管，受 BASt 委托或自主选题进行各种分析，经 BASt 同意后可将委托分析的内容及数据有偿地提供给外部汽车厂家。

另外，由联邦统计局提供全国交通事故数据磁带，定期对调查事故全国性数据及汉诺威州事故数据的分布进行比较分析。

（2）其他事故事件调查：在德国，除了汉诺威医科大学进行事故事件调查以外，汽车厂家及保险协会等也会对事故事件进行调查。代表性的调查有奔驰汽车公司的和 BMW 公司的。

奔驰公司及宝马公司以获取提升车辆安全性的基础资料为目的，在相关政府机构及相关单位的支持下，对自己公司生产的汽车相关的事故进行调查，其调查项目及调查数据原则上是不公开的。

3.2.5 法国的交通事故调查分析

a. 交通安全推进体制

Premier Minister（法国总理府）具有对相关政府机构进行综合调整的职能，交通安全对策方面主要以设施、住宅、开发、运输部［以下称为运输部（MELATT）］为主。而 MELATT 内部以道路局和 DSCR（道路安全交通局）为主推进相关交通安全对策。与交通安全相关的研究机构有 SETRA（道路技术研究所）、INRETS（交通安全研究所）及 CETUR（城市交通安全研究所）。

另外，为了推进地方公共团体、各种合作团体、相关业界等进行信息交流共享、开展交通安全活动，于1988年成立了以总理为委员长的交通安全高级委员会，同时为了推广交通安全广告的宣传活动，成立了交通安全研究信息中心。

交通安全相关的民间组织有 La Prevention Routiere（法国交通安全协会），主旨在于推进推广交通安全教育及相关广告活动。

法国的交通安全推进体制如图3-22所示。

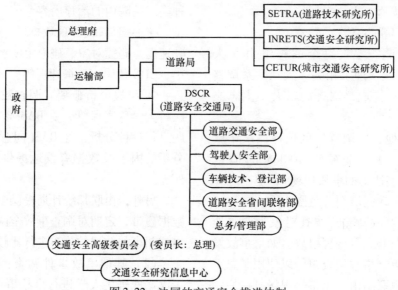

图3-22　法国的交通安全推进体制

（i）SETRA（道路技术研究所）

① SETRA是关于道路及高速公路的技术性调查研究机构，对政策决策者进行支持的同时，也负责技术性道路政策决策及普及工作。

② SETRA 约拥有技术人员200人，成员共计约500人。

（ii）INRETS（交通安全研究所）　INRETS是运输、研究2部的监督机构，1985年9月，由当时的IRI（运输研究所）和ONSER（道路安全研究所）合并重组成立。

SETRA的主要活动内容如下：

• 从技术、经济及社会角度进行交通改善及运输的研究及开发。

• 根据上述研究开发的结果进行评价并提出建议。

• 对上述研究开发结果进行公布并组织国内外交通运输研究人员的教育培训工作。

（iii）CETUR（城市交通安全研究所）

① CETUR 的在职人员约80人，对城市交通安全（以常住人口2000人以上的城市为对象）进行研究。

② CETUR 对各城市实施的交通安全对策进行比较、评价，并提出有效的对策。如建议设置自行车专用车道，对自行车优先车道标准及设置标准进行研究，建设健全社区的安全设施。

b. 交通事故调查分析

事故调查分析分为交通事故统计数据调查分析和事故事件调查分析。

（i）交通事故统计数据调查分析

（1）全国交通统计数据：以警察及宪兵队收集的事故调查数据为基础，制作事故统计用文件（BAAC），并将该事故统计用文件发送给 MELATT 的 SETRA，最终完成全国的交通事故统计工作。

① 调查事故对象：以全国的人身伤害

事故为调查对象。

② 调查项目：由事故概要、道路交通环境、车辆及人等4大领域构成，调查项目共计50项左右。

- 关于事故概要的调查项目：事故发生年月日、星期、天气、明暗程度、碰撞形态、事故原因（人、车辆、道路环境）等。
- 关于道路交通环境的调查项目：道路种类、行驶车道、道路形状、路面状况、有无信号灯、有无道路标识等。
- 关于车辆的调查项目：车辆种类、安全装备配备情况、碰撞对象、碰撞位置、固定障碍物、事故前的动态、照明装置情况、车辆自身原因等。
- 关于人的调查项目：乘车位置、年龄、性别、约束装置的种类及使用情况、出行目的、有无飞出车外情况、行人动态及碰撞位置等。

（2）INRETS 交通事故统计数据：从1987 年开始，在所有涉及人身伤害的事故中，每50件选取一件复制事故调查书，从事故调查书中提取事故统计项目完成 INRETS 事故统计。

该数据收集过程如图3-23所示。其比事故统计文件（BAAC）更详细，不过详细内容不公开。

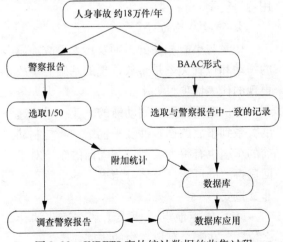

图3-23 INRETS 事故统计数据的收集过程

（ii）事故事件调查分析 法国的事故事件调查作为 REAGEEL 计划的一环，包括事故事件调查、INRETS 事故事件调查及 APR（雷诺、标致）事故事件调查。

（1）REAGEEL 计划的事故事件调查分析：作为 REAGEEL 计划的一环，从1983年开始，以死亡事故为对象，对各县的事故事件进行调查。该事故事件调查不单独制作调查模板，仅仅规定了道路环境、车辆关系、驾驶人及事故后的急救应对等大致内容，形式比较自由。对收集的事故事件数据进行分析，设置了研讨会进行对策研究，确定具体对策。

注：REAGEEL 计划是"持续改善，为做得更好而对重大事故进行调查，创造性地应对突发事件"这一段文字首字母的缩写，该计划旨在打破普通民众对交通事故的漠不关心，积累防止交通事故的经验。

（2）INRETS 事故事件调查分析：INRETS 事故事件调查的历史进程概要如下。不过 INRETS 的事故事件调查数据及调查项目等详细信息不公开发布。

<1970 年> 阶段1：1970 年开始对道路事故事件进行调查，主要调查内容包括车辆变形、安全带使用情况、伤害内容等。

阶段2：更医学性的事故调查。

<1980 年> 1980 年至1985 年，INRETS 的 Salon Provence 研究部门对事故发生前的情况、事故当事人当天的状态、事故当事人过去的驾驶记录等进行详细的调查，并形成了道路结构与事故的关系、车辆结构与事故的关系、车检与事故的关系等相关报告。

<1993 年> 1993 年开始，对事故事件（碰撞前、碰撞时、碰撞后及医学调查）进行综合调查，计划5 年内完成约1000 件的调查。

（3）APR（雷诺、标致）的事故事件调查分析：APR 为提高车辆安全性进行基础资料收集，在相关政府机关及机构的协助下对自己公司生产的车辆相关的事故进行调查。调查项目及调查数据原则上是不公开

的，不过在安全相关的国际会议上曾发表过事故事件调查数据的分析结果。

［前田公三］

3.3 交通事故的再现

3.3.1 事故再现的概念

a. 事故再现的定义

事故再现是指明示所调查的事故是什么样的事故，即根据所掌握的信息利用专业知识还原事故的经过。

b. 事故再现的目的

事故再现的目的可以大致分为交通安全和事故搜查，交通安全又可以分为事故预防和减轻伤害。

从事故预防的观点来看，交通安全政策实施所需的信息及事故再现涉及的范围很广，一般情况下以对事故发生影响较大的驾驶人的行为、车辆动态以及交通环境等为轴线，地点限定为事故发生的现场附近，进行事故再现。

从减轻伤害的角度来看，明确事故相关乘员等的伤害发生机理对于事故再现非常重要，也就是说基于伤害位置及程度、车身施加伤害的位置、安全带等安全装备的使用情况等，对事故发生前后乘员如何移动与车辆及道路等如何接触并造成伤害等情况进行解读。

以事故搜查为目的的事故再现主要是为了明确事故的责任所在，此时处理事故的方法不是选取典型事故，而是明确事故本身属于哪种类型。根据具体事故的责任划分其再现内容也不尽相同。以超速行驶为例，如何正确获取速度信息是最重要的。而再现碰撞位置则可以解决碰撞事故中双方对行驶车道的争议。

c. 事故再现的范围

碰撞事故发生的过程非常快，碰撞本身可能也就几百毫秒的时间。不过，要进行事故再现的话，为了真实反映碰撞的瞬间，需要明确各种相关的背景情况，如上所述，需要调查的内容根据事故再现的目的进行确定。

（ⅰ）时间范围　事故的经过按时间顺序可以划分为事故前、事故中、事故后。事故前是指截止到事故发生一瞬间之前，可以按照事故发生很久以前到事故发生瞬间以及事故发生瞬间到发生碰撞2个阶段考虑。事故中通常是指从车辆发生碰撞开始到与碰撞对象分离这一过程，如果车内发生二次碰撞，则碰撞后与碰撞对象分离后处于静止状态的过程也可以称为事故中。事故后可以理解为车辆与碰撞物分离后处于静止状态及之后的救助和事故处理。事故再现主要以事故直接相关的事物与当事人接触后分离并恢复静止状态这一范围为对象。

（ⅱ）空间范围　空间范围主要分为人的因素、环境因素及车辆因素。

人的因素涉及事故发生瞬间的判断、动作等，以及对人的行为可能造成影响的已发生的事件等众多项目。环境因素包括道路结构、交通法规、混杂程度、气象条件、明暗程度等众多复杂项目。车辆因素从事故预防的观点看，需要对车辆性能与事故的关系、车辆整备情况及缺陷与事故的关系等进行调查；从减轻伤害的角度看，主要对车身变形与伤害度关系、加害部位、安全装置是否启用等进行调查。

d. 事故再现的对象

记录与事故相关的车辆及行人事故前后的举动和位置关系是事故再现的基础。事故再现的代表性项目如下：

（ⅰ）碰撞速度、制动前的车速　碰撞速度关系到事故的伤害性及车辆结构，与制动前的车速也有很大关系。制动前的车速对于回避事故的可能性及划分当事人的事故责任非常重要。

（ⅱ）碰撞地点　要求了解在道路的什么位置、在哪个车道发生的碰撞。

（ⅲ）碰撞形态　碰撞前到最终停止的

过程中，车辆处于什么形态，需要了解碰撞姿态、碰撞部位与道路所形成的角度等，这是明确事故发生的原委及碰撞时乘员的举动与伤害关系的基础。

（iv）回避事故的可能性　为了明确当事人是否有可能会避事故以及如何回避事故，对危险识别时的举动进行调查。

（v）锁定驾驶人　锁定驾驶人是指当车内有同乘人员时，对真正的驾驶人进行推测，主要涉及事故责任由谁主要承担的问题。碰撞后车辆处于很复杂的状态，车内乘员的举动也很复杂，有时候很难判断谁是驾驶人。

e. 事故再现的记录

事故再现结果中除了记录结论以外，还要明确从该结论所应用的数据以及该数据如何得出该结论。如果过程中对众多的数据进行了取舍，则要说明取舍的理由。根据需要应对导出结论的方法进行附加说明。

3.3.2　事故再现的界限

事故再现的界限由以下 4 项决定：

a. 再现的目的

哪一点要再现到何种程度（再现精度）由再现目的决定。多余的操作会造成时间、人力物力上的浪费。应该在实施再现活动前明确再现需要达到什么程度。

b. 时间和预算

当事故再现缺少基础数据时，则需要进行实验。另外当信息量不足时，必须反复进行调查，此时要对时间及预算进行准确把握。

c. 可以利用的信息

事故再现要基于事实，如果不掌握足够的信息资料，很难实现满意的再现效果。另外，资料的可靠性也很重要，要对不准确的资料进行补充，资料的不准确性会直接导致再现的不准确。一般情况下，在进行事故再现时，很难一次性将所有资料搜集齐，一般会根据所掌握的资料开始再现活动，此时会出现多种可能性，再根据事故再现的需求锁定所需的信息，并努力获取所需的资料信息。

d. 负责人的能力

再现工作负责人不必要指定某一人，多人分担进行操作则效率会更高。后面所述的熟悉事故再现各过程的综合能力非常重要。

3.3.3　事故再现的过程

a. 目的认知及内容明确化

再现时，首先要确定再现的目的，然后根据该目的明确需要再现的事项。这里必须要注意的是事故再现揭示的是客观事实，而不仅仅是针对目的做出答案。事故的再现是根据可利用的信息进行科学的推论以揭示事实的过程，一定不要与揭示事故原因、认定有无过失等推定过程混淆。

b. 信息的收集

如果由专家进行事故再现，一般情况下可利用的信息基本已经搜集齐全，通过这些信息推测事故概要，参照再现的内容及等级，判断是否需要进一步搜集信息。信息搜集时要充分考虑什么是所需要的信息以及如何获取相关信息。需要注意的是根据事故再现的目的进行调查所要履行的手续并不相同，进行以事故搜查为目的的事故再现时，要注意保护信息证据。

应该收集的信息大致分为以下几类：

（i）事故结果保留的信息

（1）关于事故现场的信息：信息收集的负责人与事故再现负责人不同时，收集工作的思考过程与再现工作的过程需一致。

事故发生后的现场信息收集受时间以及其他各种因素的限制，因此，信息收集无法重演，需要具备充分专业知识的人员进行详细调查，收集准确的信息，而且，收集信息时并不能确定哪些是再现所需信息，因此，需要一定的预测能力，扩大信息收集及调查的范围。

有的时候也需要进行事后的现场信息收集，此时应进一步确定所收集的信息的确是再现所需的信息，锁定收集目标。总而言之，信息是会随着时间而消失的，因此，调查应尽快在事故发生后立即进行。

（2）关于车辆的信息：车辆的受损情况信息收集可以日后在车辆保管场所进行，不过需要注意的是车辆在移动过程中有可能变形，形态会发生变化，特别是破损程度严重的车辆，有可能会对日后事故再现产生很大的影响。例如乘员飞出车外的事故，乘员飞出的路线是非常重要的问题所在，此时车辆的移动会导致车身开口部位大小的变化，也会影响调查人员的判断，因此，破损程度严重的车辆，尽可能在事故发生后的现场把握其变形情况，而且建议多拍现场照片以留作参考。

（3）人身伤害：关于人身伤害一般并非再现负责人进行直接调查，而是根据医生等专家出具的死亡诊断书、就医诊断书、尸检报告等把握伤害事实。

（4）证言：对于相关人员的证言，一定要注意其可靠性、真实性，尤其是很多时候事故当事人的证言不一致，要对是否为本人实际经历或日后听人转述及相关信息判断得出的证言进行判别。事故再现尽量不依靠证言进行，一定要区分开仅通过证言进行的推测和基于物证的科学事故再现结果。

（ii）技术数据　有的时候还需要车辆重量、路面摩擦系数、车身变形特性等技术性数据。当无法获取准确的技术性数据时，通常可以利用根据类似信息推测的数值。当对所需信息一无所知或者基于推测值的再现精度无法满足要求时，则需要进行实际试验验证，例如通过碰撞试验了解车身变形情况、碰撞冲击力以及人体动态，通过侧滑试验获取路面摩擦系数等。

c. 事故状态的推定及假说的验证

通过再现内容进行的推测，其过程并不唯一，具体事例如下：

（i）确定最终停止位置、状态　如果能够准确记录事故发生后的现场情况，则该记录可作为最终停止状态加以利用。不过有时候很难准确记录所需要的事故后现场情况，此时可以结合遗留在现场的内容记录确定最终停止状态。事故发生后的照片、事后测量的轮胎痕迹、车辆变形图等是确定最终停止状态最有利的信息。

（ii）推测车身最大碰撞侵入状态　最大侵入状态取决于车身的变形状态。如果是车与车的碰撞，通过对车辆变形部位的调查可以明确是哪个部位与哪个部位接触。可靠、准确的变形图对于接触部位的研究很有帮助。

（iii）推测碰撞开始到最终停止状态的过程　基于已经确定的最终停止状态、最大侵入状态以及路面轮胎的痕迹，对从碰撞开始经过最大侵入状态到最终停止的状态进行推测，推测的运动路径要符合力学原理。

（iv）推测采取回避危险操作到抵达碰撞地点的过程　当碰撞发生前，驾驶人意识到危险的存在，采取紧急制动或操作转向盘，则车辆会产生异常动态并在路面上留下痕迹，此时根据该痕迹可以得出碰撞前的动态，揭示碰撞的真相。

（v）推测到达事故现场附近的驾驶过程　从目击者及当事人处获取的证言可以作为车辆行驶过程的证明。如果事故车辆装有行车记录仪，则可以通过所记录的内容了解车辆行驶过程状态。行车记录仪的分析精度有一定局限性，例如，有的记录仪无法判断车速低于5km/h与停车状态的区别。

（vi）验证假说　推测的事故过程一定要遵循现象第一的原则，不可随意排除可利用的信息，将具有时间连续性的事故过程中的每一个事实串联成一个整体，合理地排除其他可能性。

3.3.4　事故再现的方法

a. 再现项目及方法

（i）碰撞速度　速度推测遵循以下法

则，试验公式和证物等根据需要分别处置。

（1）保存运动量：保存运动量公式时，碰撞后的数值一般利用车辆相分离时的重心速度计方向求得，并作为碰撞试验的结果写入报告中。

（2）轮胎与路面间的摩擦导致的能量消耗：碰撞后车辆沿路面滑行时，与路面的摩擦会消耗能量。可通过轮胎痕迹求得滑行距离，并计算出碰撞后的车速。轮胎划痕长度设为制动距离 L，利用以下公式求出紧急制动开始时的速度，并作为结果写入报告中。

$$U^2 = 2\mu g L$$

式中，μ 是路面摩擦系数，L 是滑行距离，g 是重力加速度。

（3）车身变形吸收碰撞能量：碰撞时车身通过自身的形变吸收碰撞能量。

通过乘用车与固定障碍壁的碰撞试验可以看出，碰撞后的变形量与碰撞速度成正比，并存在如下关系式。

$$X = 0.0095V$$

式中 X 是碰撞后的塑性变形量（m），V 是碰撞速度（km/h）。

如图 3-24 所示，碰撞能量的吸收量可以根据不同的变形形状求得。图 3-24 为能量吸收图，将整个车身分割为网格状，各单元的吸能量用数值来表示。

图 3-24 为日本国产乘用车碰撞试验的能量吸收图，车辆前侧及后侧沿车宽方向为 8 个部分，沿长度方向分为 20 个部分，利用该图求吸能量时：①正面及后面碰撞的情况下，用变形部分数值的和乘以车辆宽度（m）；②侧面碰撞的情况下用变形部位数值的和乘以车辆总长度的 1/5（m），结果的单位为 kgf⊖·m。

另外用同样的方法，利用美国的新车评价程序"NCAP：New Car Assessment Program"数据进行分析，并得出了不同车身形状车辆前

⊖ 1kgf＝9.8N。

侧能量吸收图。图 3-25 为其分析结果。

两轮摩托车试验车辆为日本产 550mL 车型，通过试验求得碰撞速度与前轮前端后退量的关系。碰撞速度与前轮前端后退量相对于固定障碍壁的关系式如下。

$$X = 0.8V - 13.3$$

式中，X 是前轮前端后退量（cm），V 是相对于固定障碍壁的碰撞速度（km/h）。

排量在 50mL 以下的电动车中，对于统称为家用电动车的车辆，利用平面障碍壁和突起障碍壁 2 种模式进行了碰撞，并得到了以下试验公式：

平面障碍壁：$V_0 = 274X_{WB} + 8.0$

突起障碍壁：$V_0 = 212X_{WB} + 22.2$

式中，V_0 可换算为 $V_0 = \sqrt{(m/50)}$、整车重量为 50kgf 时的碰撞速度，m 是整车重量（kgf），X_{WB} 是轴距变形量（m）。

（4）保存碰撞前后的能量：碰撞前的动能可以看成是车身变形吸收的能量与碰撞后动能的总和。

$$\frac{1}{2}m_1v_1^2 + \frac{1}{2}m_2v_2^2 = E_1 + E_2 + \frac{1}{2}m_1{v'_1}^2 + \frac{1}{2}m_2{v'_2}^2$$

式中，E_1 是车辆 1 吸收的能量，E_2 是车辆 2 吸收的能量，m_1 是车辆 1 的重量，m_2 是车辆 2 的重量，v_1 是车辆 1 碰撞前的车速，v_2 是车辆 2 碰撞后的车速，v'_1 是车辆 1 碰撞前的车速，v'_2 是车辆 2 碰撞后的车速。

（5）行车记录仪：行车记录仪的记录卡上会记录下碰撞时的异常振动，可以根据记录波形得到车速及碰撞形态等碰撞信息。利用大型载货车实际的事故记录，对各种碰撞形态下的异常振动记录进行了调查。

（6）速度表：碰撞时，有的速度表指针会卡在某一位置，或者指针与表盘接触留下痕迹，有的时候可以根据这些信息掌握事故当时的速度表指针位置。试验结果显示，碰撞时速度表指针不会因冲击而产生很大的波动。

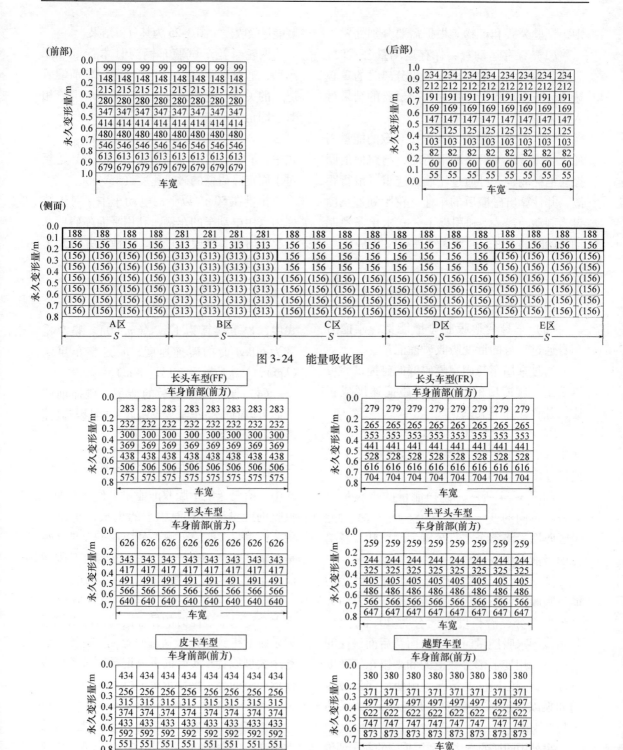

图 3-24 能量吸收图

图 3-25 不同车身形状的能量吸收图

(ii) 碰撞位置

(1) 轮胎轨迹：发生事故时，轮胎留在地面的痕迹有滑动印记及横摆印记。横摆印记是指转动中的轮胎沿车轴方向移动产生的痕迹，滑动印记是指轮胎停止转动在路面上滑行留下的痕迹。通过对该痕迹的调查可以了解事故发生时轮胎的朝向及制动距离。路面残留的轮胎痕迹实例如图3-26所示。

碰撞前后如果轮胎在地面残留下上述痕迹时，则可以根据该痕迹确定是车辆的哪个轮胎形成的，进而能准确把握碰撞时的地点。

（2）坠落物：由于碰撞的冲击导致车辆零部件脱落，掉落零部件的位置是确认碰撞位置的重要线索。掉落零部件的安装位置及碰撞速度会影响零部件的掉落地点，因此很难根据坠落物准确判断碰撞地点。

（3）Gouge Mark（砸落痕迹）：是指碰撞时变形的车身接触地点形成的伤痕。事故车辆哪一部位残留有伤痕对于判断碰撞地点也是有帮助的。

（iii）碰撞形态和动态

（1）基于变形图的推论：通过立体照相机拍摄车辆变形形态，照片图纸化后可用于推测车辆碰撞形态和碰撞后车辆的动态。如果是乘用车，变形图建议截取与保险杠等高的水平断面图制作。基于变形图的车辆侵入状态再现、动态再现如图3-27和图3-28所示。

图3-26　路面残留的轮胎痕迹

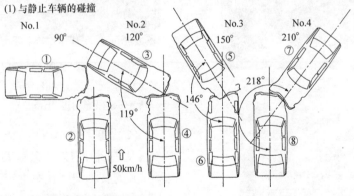

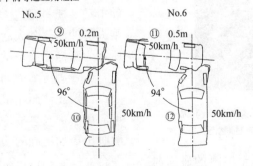

图3-27　根据变形图制作的车辆碰撞侵入状态再现图

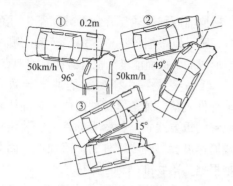

图 3-28 基于变形图的车辆动态再现图
（图 3-27 的 No.5）

（2）利用事故车辆再现：由于事故车辆的痕迹及变形都是相互的，可以据此把握车辆之间的碰触情况。图 3-29 所示为事故车辆碰撞情况的再现。

图 3-29 基于事故车辆推测的碰撞情况
（A 车车厢与 B 吊车前端碰撞状态）

（iv）驾驶人认定 基于推测的碰撞时车辆举动和乘员的动态可以了解乘员的伤害及痕迹等的对应关系，以此来推测受伤乘员的乘车位置，确定驾驶人。乘用车及两轮摩托车的乘员动态如下。

（1）乘用车乘员：通过乘用车间侧面碰撞试验对碰撞后的乘员动态进行了调查。从试验可以看出，碰撞发生后车辆速度急速下降，而车内乘员速度下降则有大约 100ms 的延迟。另外，乘员在碰撞车辆内壁之前几乎不受车辆旋转的作用，基本上维持碰撞开始时的运动状态。图 3-30 所示为碰撞后两台车辆分离瞬间乘员的状态。

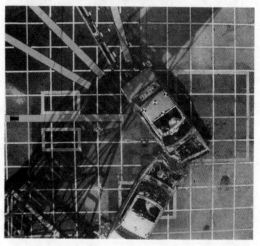

图 3-30 侧面碰撞试验碰撞后乘员的状态
（上面车辆车速为 48km/h，下面车辆车速为 24km/h，碰撞角度为 150°）

（2）摩托车乘员：对于摩托车乘员，必须从三维角度考虑成员的举动。利用 550mL 的日本产摩托车进行了单人骑乘和双人骑乘试验。碰撞后有的驾驶人在座椅上向前滑动，燃料箱与大腿及阴部碰撞；有的同乘人员冲向驾驶人后背并飞离车辆。图 3-31 所示为碰撞后乘员动态试验结果。

b. 再现所需的相关技术

（i）立体照相机 立体照相机和绘图机可应用于记录事故现场痕迹及车身变形，能够画出更加准确的图纸。试验时左右各安装一台立体照相机，2 台照相机光轴平行。左右 2 台照相机拍摄的照片只有微小的区别，

图3-31 碰撞速度为50km/h的试验结果

将这2张照片利用绘图机制成图纸。以往利用立体照相机拍摄及制图工作需要很熟练的专家完成，现在利用单反照相机及制图软件制图已很方便。

（ii）计算机程序 用于事故再现的计算机程序大致可分为以下5类：

① 一般分析：BLAQQ BOXX，C. A. A. System，A‑ICALC，C. A. R. S，COLLIDE，CAR。

② 车辆运动：EDSVS，EDVTS，SMAC，VTS。

③ 碰撞形态：CRASH，SMAC，IMPAC，EES‑ARAM。

④ 人的运动：MVMA‑2D，CVS‑3D，MADYMO，FOLKSAM。

⑤ 照片测量计算：TRANS4，FOTOGRAM，AICALC，EDCAD。

SMAC输出实例如图3-32所示。

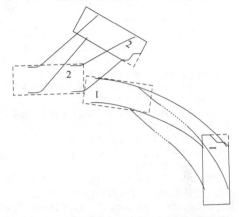

图3-32 绘图机绘制输出的SMAC计算结果

（iii）动画 利用计算机图像（CG）制作的动画可以应用于事故视野的确认、确认事故推测过程、对当事人的叙述进行研究等。国外有的时候也用于法庭上再现试验结果。

图3-33所示为从当事人的角度重现事故当事人的证言实例。

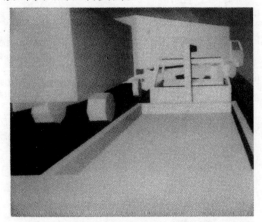

图3-33 前方车辆前风窗角度的视野再现

（iv）问答会 如果能从相关人员处得到事故发生时的情况或者关于事故过程的正确信息，则能够帮助更准确地再现事故当时的情形，对事故的预防有很积极的作用。在采访相关人员时，要充分考虑好提问内容及顺序，特别需要注意的是不要让被采访对象产生被怀疑的情绪。

［牧下 宽］

参 考 文 献

［1］交通事故調査研究会：研究報告書「諸外国における交通事故調査分析手法の研究」（Ⅰ）ミクロ分析の制度とその運用，（Ⅱ）ミクロ分析における事故再現手法（1992.9）
［2］総務庁編：交通安全白書（平成4年版）（1992.9）
［3］財団法人日本交通管理技術協会：交通事故分析の高度化及びソフト開発に関する調査研究（1992.3）
［4］社団法人日本自動車工業会：欧米諸国における交通安全対策調査報告書（1991.1）
［5］警察庁交通局：月間交通，1991年7月号
［6］交通安全対策海外調査団：ヨーロッパ4ケ国における交通安全対策調査報告書（1990.8）
［7］社団法人日本自動車工業会交通対策委員会：道路交通環境面の交通安全対策に関する調査研究報告書（1991.12）
［8］財団法人交通事故総合分析センター：研究報告書「交通事故分析の体系化を目的としたミクロ調査分析の在り方に関する研究」（1993.9）
［9］上山勝ほか：交通事故解析のための車対車の出合い頭衝突実験 1．出合い頭衝突時の車両の挙動解析，科学警察研究所報告 法科学編，Vol. 37, No. 2 (1984)
［10］川上明：スキッドマークの長さと制動初速度の関係，科学警察研究所報告 法科学編，Vol. 38, No. 1 (1985)
［11］佐藤武ほか：自動車の衝突の力学，自動車技術，Vol. 21, No. 9 (1967)
［12］K. L. Campbell : Energy Basis for Collision Severity, SAE Paper 740565
［13］石川博敏ほか：車体変形によるエネルギー吸収と固定壁換算速度，自動車技術会講演前刷集，日本自動車研究所，792, p. 493-502 (1979)
［14］久保田正美ほか：前面形別の車体エネルギー吸収特性，自動車研究，Vol. 17, No. 1 (1995)
［15］上山勝ほか：衝突実験による自動二輪車の破損挙動と衝突速度の推定，科学警察研究所報告 法科学編，Vol. 41, No. 2 (1988)
［16］國分善晴ほか：実車実験によるファミリーバイクの衝突速度と変形についての分析，第30回日本交通科学協議会総会研究発表講演会，交通科学研究資料，第35集（1994）
［17］福山邦男ほか：タコグラフに記録された衝突時の異常振動記録の分析，科学警察研究所報告 法科学編，Vol. 38, No. 1 (1985)
［18］福山邦男ほか：衝撃による自動車用速度指針の挙動，科学警察研究所報告 法科学編，Vol. 45, No. 1 (1992)
［19］M. S. Reveleym, et al. : A Comparison Study of Skid and Yaw Marks, SAE Paper 890635 (1989)
［20］上山勝ほか：交通事故調査のための再現手法に関する研究 1．変形形状による衝突角度の推定法について，科学警察研究所報告 交通編，Vol. 32, No. 2 (1992)
［21］M. Ueyama, et al. : Determination of Collision Configurations from Vehicle Deformation Patterns , SAE Paper 910127
［22］上山勝：法科学としての交通事故鑑定，自動車研究，Vol. 11, No. 3 (1989)
［23］上山勝：普通小型乗用車事故の運転者の識別法に関する実験的研究，日本法医学雑誌，Vol. 44, No. 4 (1990)
［24］上山勝：自動二輪車事故の運転者の識別に関する研究，日本法医学雑誌，Vol. 44, No. 4 (1990)
［25］上山勝ほか：実車衝突実験による自動二輪車の運転者と同乗者の衝突挙動と傷害メカニズムの相違について，国際交通安全学会誌，Vol. 13, No. 3 (1987)
［26］G. Suilmann : Analysis of the Complete Rollei Metric-System under the Aspect of Accuracy
［27］上山勝：交通事故捜査への写真測量の応用－現場図面と車両の破損状況の図化処理，月刊交通，Vol. 26, No. 1 (1995)
［28］T. D. Day et al. : Application and Misapplication of Computer Programs for Accident Reconstruction, SAE Paper 890738 (1989)
［29］上山勝：詳細分析における事故再現へのコンピュータシミュレーション，月刊交通，Vol. 23, No. 10 (1992)
［30］H. Makishita et al. : An Application of Computer Graphics for Vehicle Accident Reconstruction, SAE Paper 910367 (1991)
［31］W. S. Reed et al. : Vehicle Collision Animation Employing Computer Graphics, SAE Paper 890855 (1989)
［32］牧下寛：スウェーデンの事故調査におけるインタビューの手法，月刊交通，Vol. 23, No. 6 (1992)
［33］上山勝：交通事故の捜査・鑑定とその実証性について，警察学論集，Vol. 41, No. 10 (1988)
［34］J. Stannard Baker : Traffic Accident Investigation Manual, The Traffic Institute, Northwestern University (1975)
（ただし，33），34）は全体的な文献）

第4章 安全技术的现状

4.1 前言

本章将结合实际案例按照第1章对安全技术的分类,对目前已经实用化并对提高安全性有积极作用的安全技术现状进行分析。

本章的目的在于从安全的角度对有特点的技术进行描述,因此,各项目内容之间的脉络有可能不是很清晰,为了更准确地系统地把握各个技术及理解基础性事件内容,建议参考《汽车工程手册》一书。

4.2 事故预防技术

4.2.1 前言

诚如第1章中所述,驾驶人的驾驶行为分为对道路情况、其他车辆及行人动态、自己车辆行驶情况的"认知",基于该认知决策如何操作车辆行驶的"判断",实施于自己车辆的"操作"3个内容

4.2.2 改善夜视技术

夜间行车最大的问题是能见度比白天要低很多。为了改善此问题,提高照明装置性能的同时,还要防止对向车辆直接视野内的强光和后面车辆间接视野内强光进入人眼。

a. 前照灯

如果没有路灯等照明装置,夜间行车的能见度基本依靠车辆的前照灯。前照灯的主要技术课题是在确保可消耗电力的范围内照射得更远、更宽,同时又要控制光线过强给对面车辆造成的干扰。

相关的措施有通过改进光学系统提高光源光束利用率、优化配光形式、通过提高光源的发光率增大光量等。而在提高光量的时候一定要考虑对其他车辆的强光干扰问题。

(i) 光学系统改善技术 传统型前照灯通过灯丝附近旋转抛物面形状的反射器将光线投射到前方,近光灯在灯丝下侧设有遮光板,用于遮挡上面的反射光。

要想增加向前方投射的光量,需要增加反射器的开口直径,但是汽车设计上对反射器开口直径是有要求的。

投射式前照灯的特点是向前方投射光线的功能由灯罩来实现,反射器仅起到集光的作用,兼顾了小开口直径反射器与高集光性能。复合曲面反射器(自由曲面反射器)不需要遮光板,仅通过反射器实现近光灯的配光模式,提高了光源光束的利用率。

(1) 投射式前照灯:近光灯照射范围与非照射范围的边界线非常清晰,照度可设定在照射范围上方边界高度,能够确保远处的视野。

投射式前照灯光学系统如图4-1所示,椭圆面反射器第1焦点处放置光源,第2焦点附近放置遮光板,遮光板前侧放置灯罩,灯罩的焦点要落在遮光板处,边界线上方形成遮光板的影像,这样就形成了较柔和的配光模式,虽然光源光量有所增加,但是光束并没有变得刺眼,而且配光更加明亮。

另外,将反射器设计成复合式椭圆面,形成的投影模式为横向椭圆形,省去了前面灯罩的扩散功能。

(2) 复合曲面反射器(自由曲面反射器):欧洲式近光灯一般都是在灯丝附近放置遮光板,这使得光源光束45%的光量都被遮挡而无法发挥其照明作用。近年来,随着树脂成型技术及CAE技术的不断提高,已经可以设计并制造非旋转曲面形状的反射

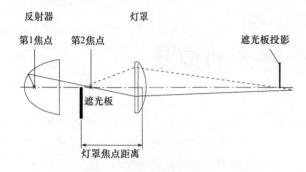

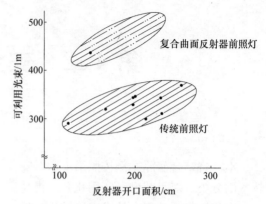

图4-3 复合曲面反射器增加可利用光束

加了多种金属碘化物，35W左右即可达到55W卤素灯泡2～3倍的亮度，如图4-4所示。

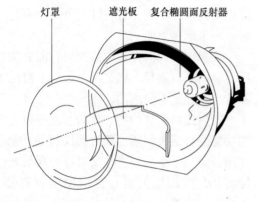

图4-1 投射式前照灯构成

器，无遮光板的近光前照灯已经实用化。

如图4-2所示，通过反射器的反射面可将光源发出的光全部向下反射，这样就省去了遮光板。如图4-3所示，可利用光束量增加了50%左右，明亮度及照射范围面积也增加了30%左右。

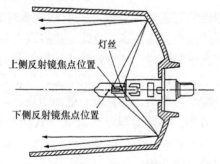

图4-2 复合曲面反射器

（ii）光源改善技术 现在卤素前照灯是汽车前照灯的主流产品，其发光原理是高温辐射，因此电-光转换效率并不高。

最近车辆开始逐渐采用金属卤化物灯，金卤灯的特点是放电效率高，在汞蒸气中添

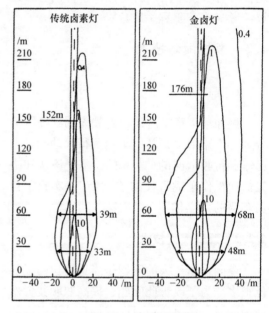

图4-4 金卤灯近光灯

这样，前照灯的照射距离更远、范围更大，历经3年半的实验验证，对提高视野性能方面的效果做出了有力的证明。

但是金卤灯有一个缺点，就是强光有可能对对向车辆造成干扰，因此在欧洲要求搭载自动调平系统和前照灯清洗系统，如图4-5所示，通过悬架的动态判断车辆的姿势变化，利用步进电动机调整前照灯光轴。

电弧是金卤灯的光源之一，如图4-6所

示,利用可调式遮光板遮挡部分电弧,进而实现近光灯和远光灯的切换。

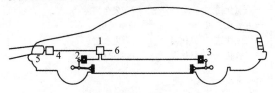

图 4-5　前照灯调平系统
1—电控单元　2—轴传感器　3—轴传感器
4—步进电动机　5—前照灯　6—点火、近光及里程表信号

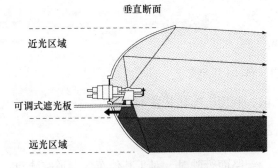

图 4-6　可调式遮光板形成的近光灯

b. 改善转弯时的视觉技术

转向灯和转向联动雾灯是在弯路行驶以及在十字路口转弯时增大前方照射范围、提高视野可见范围的辅助照明装置。

如图 4-7 所示,系统检测出转向角后,通过电动机转动雾灯副反射器,光线投向目标方向。转向盘回正时,还可以先转向盘一步回复到正前方,配光方向与驾驶人的视线相一致。

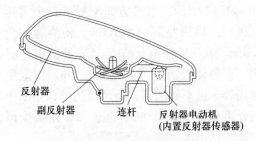

图 4-7　转向联动雾灯的结构

c. 车内防眩目后视镜

车内后视镜一般采用平面镜,在夜间行驶时容易被后方车辆强光干扰,一般采用切换棱镜角度来调整反射率的方法,近几年开发了非机械的电动控制改变反射率的方法,根据周围及后方的光量自动调整反射率的自动防眩目后视镜也已经在实车上得到应用。

(i)**液晶式**　如图 4-8 所示,两块带透明电极的玻璃板中间封有液晶,通过对液晶的排列进行电气控制,改变液晶层光线的吸收率进而改变后视镜的反射率。反射率只能在通电和非通电状态之间切换,非通电状态为低反射率。

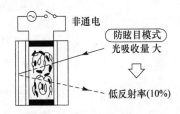

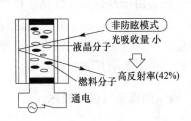

图 4-8　液晶防眩目后视镜工作原理

防眩目后视镜在非防眩模式下能够确保足够反射率,防眩模式时需要将反射率降低,因此对液晶的种类及液晶层的厚度选择非常重要。

另外,生产时确保一定面积内的反射率的均匀性也非常重要,因此,将粒径均匀的微粒作为填充物混入到液晶内,能够确保液晶层厚度一致。

(ii)**电镀式(Electro Chromic)**　如图 4-9 所示,利用气相沉积法在带透明电极的电极板上形成二氧化铱涂层、五氧化二钽涂层、三氧化钨涂层以及铝电极涂层,施加电压后产生图中所示反应,三氧化钨涂层形成蓝色钨青铜以此来吸收光线,降低镜面反射率。

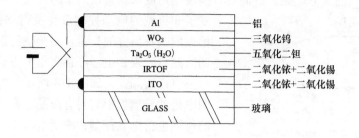

EC层
$WO_3 + xH^+ + xe^- \rightarrow H_xWO_3$
透明　　　　　　　　蓝色
电解质层
$H_2O \rightarrow H^+ + OH^-$
对向层
$Ir(OH)_3 + OH^- - e^- \rightarrow Ir(OH)_4$

图4-9　电镀式防眩目后视镜工作原理

该方式可以在10%～70%的范围内连续调整反射率，由于不需要液体层，可以应用于曲面镜，由于其耐候性优良，可以应用在外后视镜上。另外，由于其变色原理，在不施加电压的情况下反射率较高，即便发生意外故障，也不影响其防眩目功能。

4.2.3　确保雨雪天气视野技术

a. 斥水玻璃

侧面玻璃由于涂有斥水性涂层，能够确保雨水天气侧窗玻璃的能见度。

如图4-10所示，带斥水涂层玻璃上的水滴不会向外扩散，以时速50km车速行驶的时候受气压作用会飞离车窗，确保良好的可见度。

斥水涂层的耐久性对其实用性有很大的影响，不过由于涂层的主要成分为二氧化硅，与玻璃相同，贴合性非常高，使用12个月后其斥水性能仍能维持在最初使用时的90%左右。

b. 超声波清除雨滴后视镜

外后视镜一般采用凸面镜，镜中影像被缩小，因此，如果附着雨滴会使可见度明显下降。如图4-11所示，可通过压电执行器产生超声波振动使附着在后视镜上的雨滴飞散，利用电加热装置干燥。

4.2.4　外界感知技术

路面行驶时，对于其他车辆、道路建筑物及路面标示线等汽车行驶环境进行检测，当处于高危险环境时发出警告进而控制车辆运动，确保车辆的安全性，类似的技术已经在车辆上得到了应用。

a. 激光雷达

用近红外线激光束照射车辆前方，通过测量前方车辆及道路等物体反射后返回的时间可以对其存在以及相对距离进行把握。

最早实用化的是大型载货车用防追尾警告装置，具有声音警告和显示距离的功能。如图4-12所示，水平方向配置了三个雷达二极管，检测距离约为100m，检测宽度约3.5m。切断左右光束前方35m处的信息感知，将整体检测宽度控制在3.5m，以避免对相邻车道车辆的错误检测。另外，切断中间光束前方80m处的信息感知，以减少因检测到标识类而发出错误警告。

对配备该警告装置的载货车驾驶人进行调查，结果如图4-13所示。从图中可以看出，"更加集中精神驾驶""特别注意保持车距"等防患事故于未然的效果非常明显。

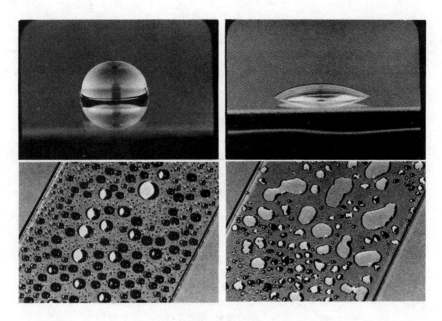

a) 斥水玻璃表面的水滴

b) 斥水性能变化(以接触角进行评价)

图 4-10 斥水玻璃

注：图 a 中，上两图为平行于玻璃表面视角；下两图为垂直于玻璃表面视角；左两图为斥水玻璃；右两图为普通玻璃。

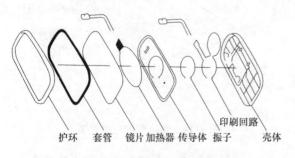

图 4-11 超声波清除雨滴后视镜

激光通过空气中的微粒反射或者发散，因此在降雨及雾天其检测距离将缩短，甚至会造成误警告。对白底黑字标识牌的目视效果和反射器激光雷达检测进行了试验比较。雾天比雨天的检测能力更低，检测距离甚至降到了目视的同等水平。

另外降雪时，激光收发光束部位被积雪遮挡住会造成无法检测的问题，不过系统会

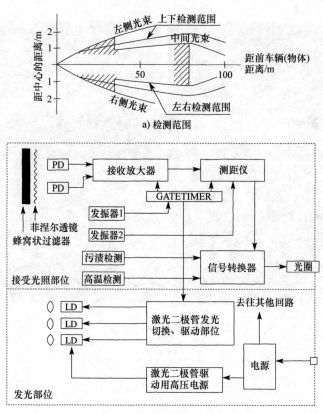

图 4-12 激光雷达追尾警告装置

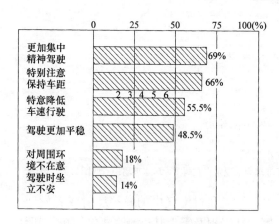

图 4-13 激光雷达追尾警告装置效果
载货车驾驶人调查结果

车辆及道路情况,不过受积雪及污渍等影响造成反射性能下降的真正原因是激光雷达,如何解决激光雷达被遮挡无法检测,提高其实用性是非常重要的课题之一。

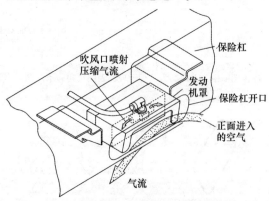

图 4-14 雷达装置积雪对策

检测到附着于雷达玻璃表面的雪反射回来的激光。如图 4-14 所示,雷达前面设置吹风口,会在几秒钟内吹出压缩空气吹散积雪,进而确保其检测性能。

另外,虽然表面上是反射器在检测前方

b. 利用扫描方式扩大激光雷达的功能

由于激光的指向性很高,一般使用时会

通过光束分裂器扩大照射范围。另外，如图 4-15 所示，利用可摆动后视镜沿左右方向扫描，也可以实现利用较窄的光束识别多个车辆及障碍物的距离和方向，判断碰撞危险性，并进一步采取回避控制操作。

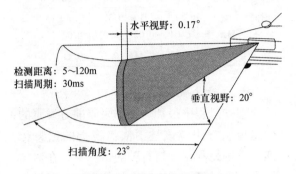

图 4-15 扫描式激光雷达

c. 微波雷达

激光雷达所使用的近红外线由于其波长较短，对距离和角度的分解能力相对较高，相反由于气候条件及雷达装置污损而导致的检测能力下降也是非常显著的。而如果使用数毫米以上的毫米波或微波雷达，则在雨雪及雾天不会对其检测能力造成多大影响，因此，能够提高恶劣环境下的安全性。

如果波长较长，相对的天线尺寸也较大，检测区域内的方向性较差，而对侧后方的大范围障碍物检测则非常有利。

毫米波或者微波雷达的开发需要能够掌控数十吉赫兹高频波的技术，美国已经掌握了该技术并在碰撞警告系统上实际应用。该系统如图 4-16 所示，用于检测前方的微波传感器安放在车辆前侧中间位置，用于检测后方的微波传感器安放在朝向相邻车道的后视镜死角位置。

通过转向角传感器检测车辆的转弯状态，辅助修正警告判定计算，当检测到前方有障碍物时，安装在驾驶席的 LED 灯亮灯，同时会发出声音警告，对于侧后方的障碍物，外后视镜附近的 LED 灯会亮灯警告。该碰撞警告系统在美国客车公司的 2000 辆客车上搭载运行，降低交通事故的效果非常明显。

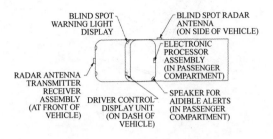

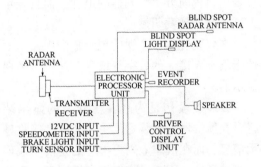

图 4-16 微波雷达碰撞警告系统

d. 基于外界感知系统的危险规避技术

利用激光雷达对和前方车辆碰撞的危险性进行判断时，在发出警告的同时，变速器的超速档自动解除，督促驾驶人采取制动操作，在一定程度上能够起到减速的效果。

4.2.5 信息传递、显示技术

a. 远处焦点显示表

汽车驾驶过程中，驾驶人的注视点往往在数米远以外，而经常观察的速度表等的布置一般都在距离驾驶人几十毫米的位置，驾驶过程中如果要观察仪表显示，需要大幅度调整眼睛的焦点。在注视远景的情况下读取近处的仪表显示时，仪表显示距离眼睛越近，读取能力越低下，特别是对于眼睛焦点调节功能较弱的老年人来说更加明显。远处焦点显示表如图 4-17 所示。

b. 平视显示器（HUD）

注视前方的时候读取仪表信息时，仪表显示布置位置越靠下越不方便，反之，观察

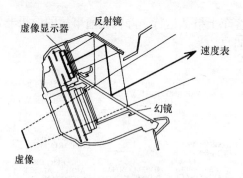

图4-17 远处焦点显示表

仪表后目视前方也是同样的道理。而且老年人这一特征越发明显。

在驾驶过程中注视的视野范围内显示更便于驾驶人接受的数字等信息，这就是平视显示器。

该装置最初是为战斗机开发的显示装置，在航空器上该装置的主要任务是接收显示信息，而在汽车上则更重要的是清晰地观察车外环境。因此，如何提高视野可见度是开发该装置最重要的课题。

图4-18所示为针对显示位置设在水平位置的评价试验，显示位置越接近正面越容易读取，同时给驾驶人的压迫感也越强。在实际设计时，需要对可视性和压迫感进行取舍平衡。

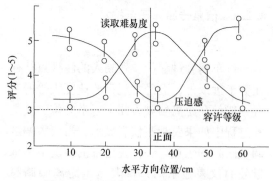

图4-18 显示位置的可视性及压迫感

在行驶过程中，用视觉照相机测量比较眼睛停留时间，见表4-1。观察该装置的时间一般比观察仪表板上仪表的时间缩短大约30%，不过读取显示器上的内容多少会对观察前方情况有影响。

表4-1 平视显示器在实际行驶时缩短观察车速显示时间的效果

道路形状		直线			弯路	
行驶速度/km/h		40	70	100	40	70
观察时间/s	仪表板内仪表	0.47±0.06	0.45±0.02	0.48±0.07	0.48±0.08	0.44±0.02
	平视显示器	0.34±0.04	0.31±0.02	0.30±0.07	0.37±0.04	0.35±0.02
	缩短量	0.13	0.14	0.18	0.11	0.08

c. 声音导航系统

驾驶过程中最理想的不阻碍前方视野的信息传递方法应该是不依赖视觉的信息传递。特别是利用导航行驶的情况下，在对驾驶人传递已经接近转弯点的信息时，通过听觉接收信息比视觉接收信息更加合理。

在设定好的路线上快要接近弯路时，对没有声音指引和有声音指引2种情况进行了比较试验，如图4-19所示，有声音指引时观察导航画面的时间比没用声音指引时要短，而且心跳加快比例也更低，也就是说对减轻精神上的压力也有一定的帮助。

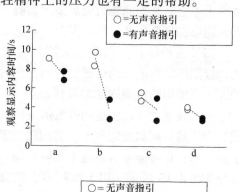

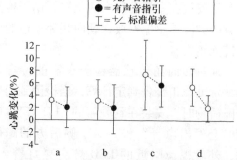

图4-19 声音导航带来的减轻精神压力效果

4.2.6 操作系统的安全技术

在与汽车操作系统相关的事故中,其事故直接原因就是误操作和过于专注于某一操作影响了正常的驾驶行为。前者的预防方法有自动变速器的换档锁止机构,后者事故原因主要有对音响及附件类的操作。

近年来,以导航系统为中心的多功能且操作复杂的设备越来越普及,与驾驶操作无直接关系的操作对象越来越多,用声音控制其中部分操作的系统也在加紧开发中。

图 4-20 所示为利用声音切换导航系统显示画面的实例,对导航信息声音播报及声音重播功能进行了整合,实现了高效率化和低成本化。

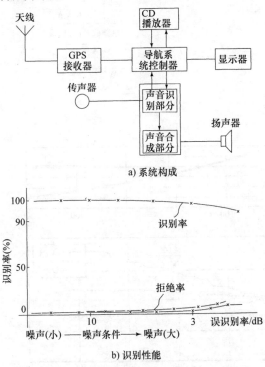

图 4-20 具有声控功能的导航系统

针对特定说话对象的声音指示,最多能够识别 128 种单词命令,识别响应时间为 0.3s,耐噪声性能为 3dB(车窗关闭,车速在 100km/h 时正常的会话声音)可识别率为 98%,可以减少操作显示器画面周边按钮或触摸画面频率,减轻对驾驶人观察前方情况的干扰。

4.2.7 轮胎胎压不足警告技术

轮胎胎压不足时,车辆的运动性能会下降,严重时可能会导致轮毂飞脱或者爆胎等更危险的情况发生。胎压检测警告系统能够直接检测胎压不足或者从轮胎的特性变化判断胎压是否不足。

a. 直接胎压不足检测

该方法较早时期主要应用于部分跑车。如图 4-21 所示,在车轮一侧设置压力开关,当达到设定压力时会开启,利用磁感应方式、电磁感应方式、电磁波共振方式及无线电发射方式向车辆传递信息,并将信息显示在仪表板上对驾驶人发出警告。

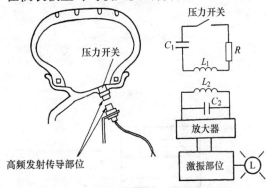

图 4-21 胎压不足直接检测方法实例

b. 基于轮胎特性变化的判断

利用胎压不足产生的轮胎特性变化判断是否胎压不足。带 ABS 的车辆一般车轮均装有速度传感器,利用该传感器很容易实现上述功能。

胎压不足时,轮胎侧抗力及驱动、制动性能会下降,甚至会影响车辆的运动性能。如图 4-22 所示,检测系统以此为着眼点,利用牵引力控制传感器信号,只在软件上进行修改即能够迅速且准确地判断出胎压不足。

该系统利用转向角、驱动转矩以及各车轮速度计算正常情况下的横摆角速度,计算值与实际横摆角速度的偏差来自轮胎气压不足,轮胎胎压持续30%不足状态下检测需要12s,如果胎压缓慢下降,当降低了27%时系统能检出胎压不足。

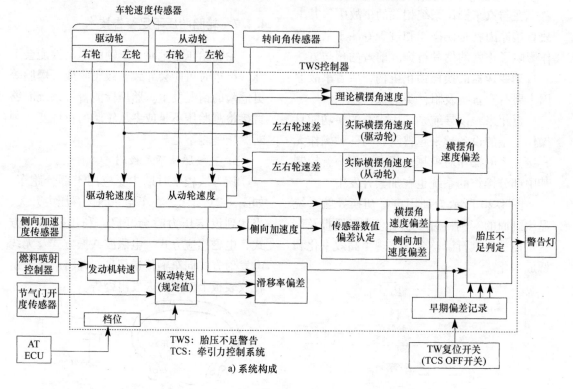

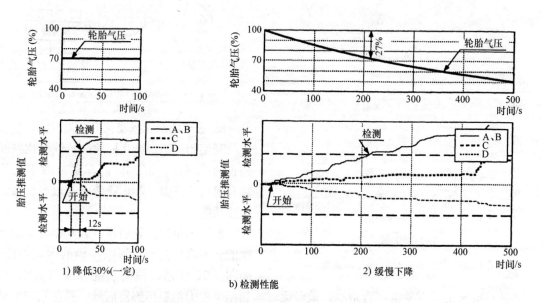

图 4-22　基于车辆运动特性变化的轮胎胎压不足检测

A:相对于转向操作的前轮横摆角速度响应特性　B:相对于转向操作的后轮横摆角速度响应特性
C:相对于侧向加速度的后轮横摆角速度线性关系特性　D:相对于发动机输出功率的驱动轮滑移率特性

4.3 事故回避技术

4.3.1 前言

与汽车事故回避性能相关的技术大致可分为 2 类，一类是由驱动系统、制动系统、转向系统以及悬架系统构成的车身相关技术，一类是车身与路面之间力的媒介——轮胎相关技术。

车身技术近几年发展迅速，在已经实用化的车辆运动控制技术中，对提高减速、停车及转弯等安全性的事故回避技术以及提高不同行驶环境及行驶条件的安全性技术进行了说明。

轮胎技术方面，主要针对摩擦力较低的冰雪路面及湿滑路面性能及胎压不足时的性能保持技术进行了说明。

4.3.2 制动性能提升技术

制动性能可以说是汽车安全性能的基础，即使无法回避碰撞，制动操作也可以降低碰撞时的速度，在一定程度上能减轻碰撞伤害。

制动力是所有轮胎与路面间产生行进方向的摩擦力之和，因此，使各轮胎的摩擦力达到最大则能够得到最大的减速力。如果后轮滑移率高，侧向力减小，则车辆的方向稳定性下降，车辆容易陷入危险境地，因此，通常情况下前轮分配较大的制动力。但是，如果前轮制动力分配过大，会增加前轮制动的负担，而且无法充分利用路面的摩擦系数。

因此，车辆设计时一般都采用控制阀将制动力分配调整到最理想的分界点。近年来开发了新的技术，通过反馈车轮转速控制制动力来提高制动性能。

如图 4-23 所示，将后轮滑移率设置的比前轮低，以此来获得理想的制动力分配。

4.3.3 转弯性能和横向稳定性提升技术

一般车辆的侧向运动是通过前轮转动进

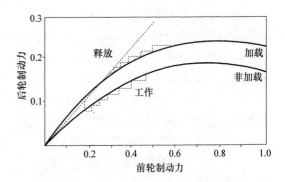

图 4-23　通过控制后轮滑移率获得理想制动力分配的概念图

行控制的。另外，车辆运动特性受悬架几何特性及其变化的影响非常大，因此，为提高车辆转弯性能及横向稳定性，针对转向系统及悬架系统进行了多领域的研究，并开发了各种相关技术。

尤其是近几年，已经单独或综合采用 4WS、制动力控制、驱动力控制以及轮胎载荷控制等技术用以提高转弯性能和横向稳定性。

另外，有的系统还可以检测路面的坡度和路面摩擦系数，并反馈给上述控制系统，以提高车辆的安全性。

a. 4WS

4WS 是指驾驶人操作转向盘时，除了传统的前轮为转向轮外，后轮也是转向轮，能够提高车辆的转弯特性和横向稳定性。

仅前轮为转向轮时（2WS），当车身前部横向发生移动后，后轮会产生侧滑角，随之后轮产生侧抗力，车身后部将向侧向移动，车速越高，车辆横向运动延迟越大。另一方面，横向加速度随着行驶速度而增大，该延迟对高速驾驶非常不利。

后轮与前轮一起转向时，后轮在前轮转向的同时产生侧抗力，降低了车辆横向加速的响应延迟，提高了高速驾驶的稳定性。

在后轮转向的基础上，开发出了新的 4WS 系统，增加了多种控制策略，进一步提高了转弯运动的响应性和抗干扰安全性。

如果后轮与前轮转动方向相同,则转弯半径和内轮差都会增大,低速行驶时的转弯特性将变差,因此,实际的系统在低速时后轮的转向角为0或者与前轮反向。

(i) 前馈控制型4WS 事先假定前轮转角及车速对应的车辆运动状态,进而进行后轮转向的方式称之为前馈控制型4WS。

(1) 转角随动型4WS:后轮偏转受前轮偏转控制的方式。

高速行驶时,一般转向角较小,低速时为实现最小的转弯半径因此转向角较大。基于此理论,在图4-24所示的机构中,高速时的转角响应特性及低速时的转弯特性均得到了很好的保证。

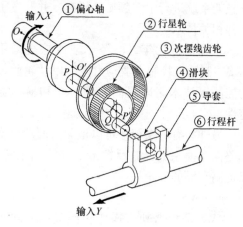

a) 工作原理

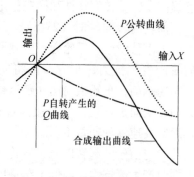

b) 输出输入特性

图4-24 纯机械式4WS转向机

(2) 车速感应型4WS:高速驾驶的主要问题除了车辆运动对转向操作的响应延迟外,还有随着作用于车辆的向心力不断增大,车身的朝向与车身重心在行进方向的偏离(车身侧滑角)越来越大。该系统可以根据前轮转角对后轮转角比率进行控制。

该系统实例如图4-25所示,在与前轮转向装置相连接的输入齿轮和后轮转向机构传动拉杆之间设置了摆动机构,控制电动机根据车速对输入齿轮和传动拉杆的接合关系进行控制,以此实现所需的前后轮转角比率。

(3) 相位反转控制4WS:后轮与前轮同向转动的4WS在转向操作的初期,车身重心开始沿横向移动的时间点要比2WS早,相应的车辆改变方向也有所延迟,转向的响应性略差。

在转向操作初期,短时间内让后轮与前轮反方向转动,然后切换到同方向,这就是所谓的相位反转控制,如图4-26所示,这样可以实现对重心点侧滑的控制,兼顾转向响应性和安全性能。

(4) 环境对应控制4WS:路面摩擦系数、路面坡度等行驶环境对车辆的运动特性有很大的影响,该系统可以根据具体的环境条件通过后轮转角控制来减小环境对车辆运动特性的影响。

1) 易滑路面4WS控制:轮胎侧抗力主要受路面的摩擦系数影响,可以通过车辆参数与车速、转向角与转向反作用力等求出摩擦系数。

转向反作用力可以通过电动转向系统的液压求得,通过转向角和车速推测轮胎侧滑角,根据侧抗力与摩擦系数的比例关系求出路面摩擦系数,对后轮的转角进行控制,改善易滑路面车辆相对于转向操作的响应性如图4-27所示。

2) 坡路4WS控制:车辆的驱动力等于加速阻力、滚动阻力、风阻、转向阻力的合力,可以通过车辆参数与车速、转向角、发动机转速与进气量等求出路面坡度。

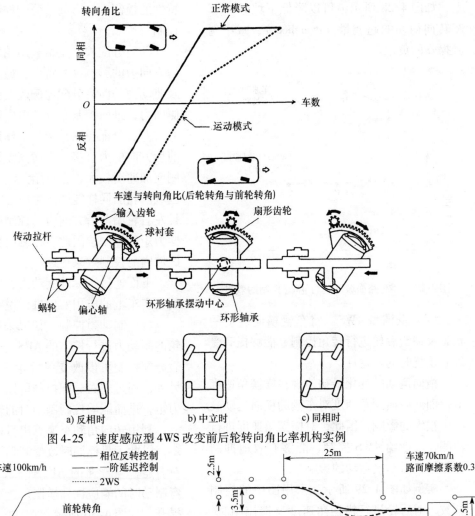

图4-25 速度感应型4WS改变前后轮转向角比率机构实例

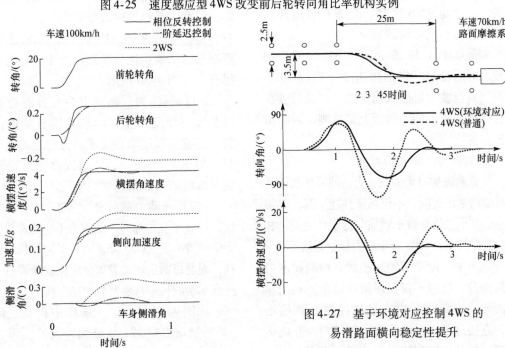

图4-26 相位反转控制4WS车的阶跃响应（模拟）

图4-27 基于环境对应控制4WS的易滑路面横向稳定性提升

将求得的路面坡度应用到后轮转角控制

上，如图4-28所示，可以降低下坡时4WS车转向初期的超调量（overshoot），减小驾驶操作的负担。

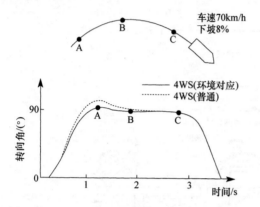

图4-28　针对路面坡度进行4WS控制的效果

（ii）反馈型4WS　将车辆横向运动的状态反馈给后轮进行转角控制，能够提高受外界干扰时的稳定性。

横向运动的变化最初体现在横摆角速度上，而此后横摆角速度对车辆的横向运动会产生很大的影响，因此，对横摆角速度进行检测，反馈给4WS控制，能够有效地抑制外界干扰对车辆运动的影响。

实例如图4-29所示，采用图中的控制参数，对后轮进行横摆角速度反馈控制时，能够提高行驶中抗侧风稳定性，以及行驶在左右摩擦系数不同的路面上紧急制动时的横向稳定性。

b. 制动力、驱动力控制

给轮胎施加过大的制动力，或者施加驱动力时侧滑率较大时，不仅加速性能下降，侧抗力也会减小，将导致车辆横向稳定性变差。相关的控制技术有ABS及牵引力控制系统等。

近年来，随着车辆运动状态检测技术的不断提升，已经不仅仅停留在简单地利用轮胎锁死或避免空转来间接地控制车辆稳定性，直接对车辆运动状态进行控制，并能达到目标效果的控制技术也已经开发成功了。

通过制动力、驱动力控制改变车辆运动特性的控制方法有前后分配控制及左右分配控制。

前后分配控制是指利用轮胎侧向力受前后方向力的影响这一特性，通过改变制动力及驱动力的前后分配比例改变前轮和后轮的侧向力，进而控制车辆的侧向运动。

左右分配控制是指利用作用于左右轮胎前后方向的力直接产生横摆惯性力矩。由于侧向加速度较大，在轮胎无法产生侧向力的区域内轮胎同样能够产生前后方向的力，而且左右轮胎前后方向力的控制能直接变为横摆力矩的控制，因此，在侧向加速度较大的区域内的控制效果更好。

下面通过实际的制动力、驱动力分配控制在实车上的应用实例进行说明。

（i）制动力控制　如果采用可分别对4轮的制动力进行控制的ABS，通过上述的前后分配控制可以改变前后轮侧向力的比例，另外，通过左右分配控制可以产生横摆惯性力矩，进而能够控制制动时的转弯特性。

利用转向角和车速算出目标横摆惯性力矩，以此为目标同时改变制动力的前后差和左右差，与普通的ABS比较，冰雪路面转弯制动时的响应性和横摆角速度增益均有所提升，如图4-30所示。

（ii）制动力、驱动力左右分配控制　对节气门开度和左右制动液压分别进行控制，能够实现制动力及驱动力的左右分配控制。如图4-31所示，能够提高冰雪路面变更车线时的横摆角速度响应性。

（iii）驱动力前后分配控制　与2WS相比，4WS车在加速时，侧抗力不会随着轮胎过大的侧滑率而大幅下降，对于车辆的稳定性有利，而通过前后驱动管理分配控制能够进一步提高车辆的转弯特性及横向稳定性。

如图4-32所示，系统由中央差速齿轮（前后制动力按30∶70分配）及液压多片离合器构成，通过控制液压将前后驱动力分配比控制在30∶70。

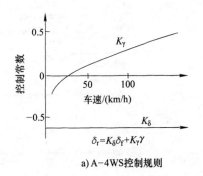

a) A-4WS控制规则

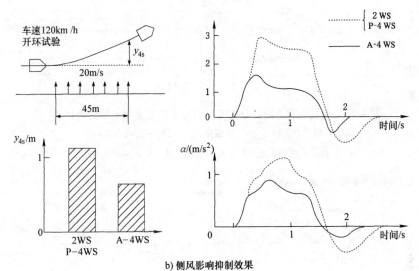

b) 侧风影响抑制效果

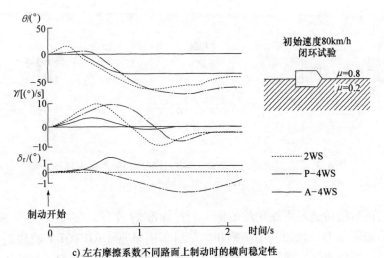

c) 左右摩擦系数不同路面上制动时的横向稳定性

图4-29 基于横摆角速度反馈4WS控制外界干扰效果

P-4WS—车身侧滑角设为0的后轮转向

A-4WS—前轮转角比例+横摆角速度反馈控制

δ_r—后轮转角　δ_f—前轮转角　α—侧向加速度　γ—横摆角速度　θ—转角

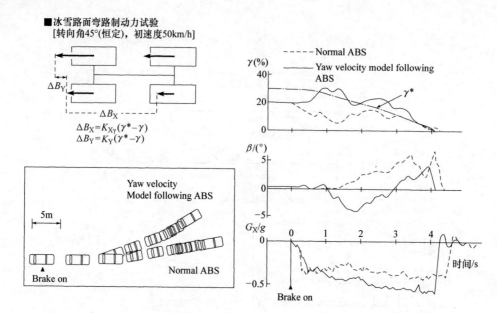

图 4-30 通过制动力前后分配及左右分配控制提高车辆转弯性能

ΔB_x—制动力前后差 γ—横摆角速度 ΔB_y—制动力左右差
γ^*—目标横摆角速度 K_x、K_y—制动系数 G_x—前后加速度

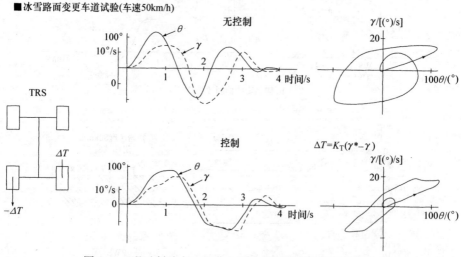

图 4-31 通过制动力、驱动力左右分配控制提高转向特性
（标记符号与图 4-30 相同）

系统可通过前后轮转速差判断轮胎的侧滑量，分配前后的驱动力，此处利用车速和转向角求出目标横摆角速度，通过目标横摆角速度控制对实际横摆角速度进行修正，以匹配目标横摆角速度。

具体如图 4-32 所示，当车辆呈现 SPIN 的趋势时，向液压多片离合器施加超过标准的液压，使驱动力分配向前倾斜；当车辆呈现 DRIFTOUT 趋势时，将液压降到标准液压以下，使驱动力分配向后倾斜，使车辆始终处于轻度不足转向状态，在易滑路面加速时也能够很好地追随目标横摆角速度，提高车辆的转弯特性和侧向稳定性。

第4章 安全技术的现状

特性处于非线性特性区域，改变载荷分配，车辆前后侧抗力的差即横摆惯性力矩会发生变化。

通过改变侧倾刚度的前后分配比例改变车辆的转弯特性，如图 4-33 所示。利用车速与转向角求得目标横摆角速度，通过控制侧倾刚度前后分配比来缩小目标横摆角速度与实际横摆角速度的差，这样即使侧向加速度较大，车辆的转向特性变化也会相对较小。

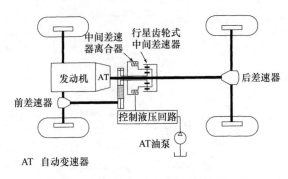

a) 可进行驱动力前后分配控制的4WD系统

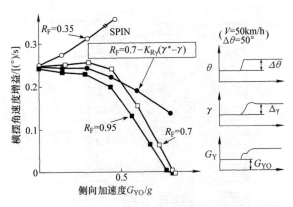

图 4-33 基于侧倾刚度分配控制的转向特性变化

γ—横摆角速度 γ^*—目标横摆角速度
θ—转向角 R_F—前侧倾刚度分配 K_R—控制系数

4.3.4 轮胎的安全技术

路面状况及轮胎状态导致轮胎与路面的摩擦力下降对于轮胎的安全特性来说是不容忽视的。

本节将就如何提高轮胎性能的相关技术进行说明。

a. 无钉防滑轮胎

轮胎在积雪路面及结冰路面上行驶时的摩擦力很低，特别是在日本，冬天积雪非常厚，而气温并不是很低，因此，很多地区路面湿滑难行，积雪及结冰时轮胎的性能对于汽车的安全性来说至关重要。

积雪及结冰路面专用的防滑钉轮胎曾一度盛行，后来出于防止粉尘污染的目的被禁止使用，开始使用无防滑钉的防滑轮胎

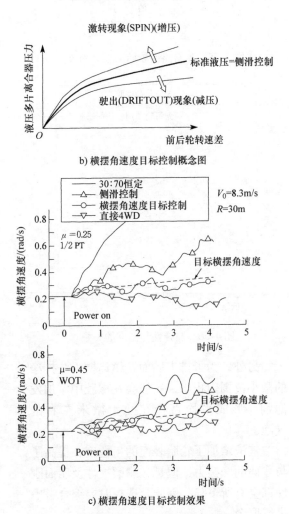

b) 横摆角速度目标控制概念图

c) 横摆角速度目标控制效果

图 4-32 驱动力前后分配控制

c. 轮胎负荷控制

搭载主动式悬架的车辆，能够对侧倾刚度的前后分配进行控制，改变各轮胎的载荷分配。车辆的侧向加速度较大的状态下轮胎

85

(studless tire)。顾名思义，此种轮胎没有防滑钉，主要是在材质及胎面的大小形状上下功夫，确保冰雪路面的摩擦力。

冰雪路面上的摩擦力主要指边缘效应、冰雪层剪切力以及橡胶的摩擦力。为了增大边缘效应和剪切力，如图4-34所示，无钉防滑轮胎胎面花纹沟槽比夏季轮胎更多。由于轮胎的载荷，沟槽能够有效地排出冰雪表面的积水，有效地提高了冰雪路面的摩擦系数，波浪形沟槽则更有利于轮胎排水。

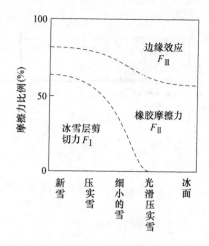

图4-35 冰雪路面轮胎摩擦力构成

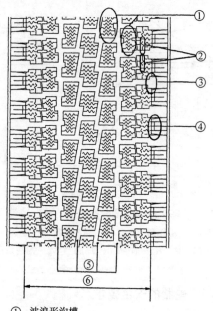

① 波浪形沟槽
② 纵向沟槽
③ 防滑沟
④ 胎肩
⑤ Z形沟槽
⑥ 胎面

图4-34 无钉防滑轮胎胎面花纹实例

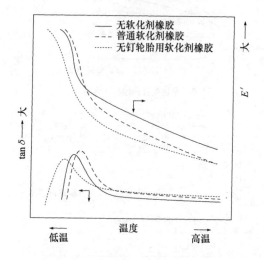

图4-36 黏弹性与温度的关系

如图4-35所示，轮胎在附着力很低的压实雪及结冰路面上行驶时，主要受橡胶摩擦力的影响，因此，确保摩擦力对于提高无钉防滑轮胎的性能来说显得更加重要。

附着摩擦力与路面和橡胶的实际接触面积成正比，因此，橡胶的弹性率越低，摩擦力越大。一般采用玻璃化温度较低的天然橡胶及丁苯橡胶，同时使用低温软化剂等，确保低温条件下的低弹性率，如图4-36所示。

另外，为了排出胎面花纹沟槽无法排净的微小范围内积水，一般会在橡胶中添加发泡剂，形成平均直径在几十微米左右的气泡。

气泡增加了轮胎表面的粗糙度，提高了与冰面的摩擦力，但是，耐磨损性及胎面刚性都会有所下降，因此，选择时要综合考虑进行取舍。

另外，有的轮胎还在材料中加入硬质颗粒及纤维，在轮胎表面形成凸起，增大结冰路面的轮胎附着力。

无钉防滑轮胎旨在提高冰雪路面的摩擦性能，但是，在干燥路面的磨损及噪声情况比夏季轮胎都要严重，如何解决这二者的矛盾性是无钉防滑轮胎尚待解决的重要课题。

b. 湿地轮胎

路面湿润时，轮胎与路面之间会形成一层水膜，使得轮胎的附着力下降，特别是在高速行驶的时候更加明显。为确保轮胎的附着力，必须有效排除路面与轮胎间的水，这就是湿地轮胎诞生的背景。

如图4-37所示，沟槽主要沿圆周方向或者与圆周方向成一定角度。

从提高排水性能的角度来看，当然是沟槽越多排水效果越好，但是同时胎面噪声也会变大。另外，如果轮胎表面圆周方向沟槽过多，会切断胎面与地面的接触面，中间部位的接地压力变低，因此，需要考虑如何提高中间部位的接地性问题。

c. 缺气保用轮胎

为了确保轮胎压力下降时轮胎功能不受影响，开发出了各种解决方法，例如双层轮胎、利用内包润滑剂的蒸气压力恢复胎压等方法，而且一部分设计已经得到了实际应用。

另外，如图4-38所示，该轮胎结构与普通轮胎类似，胎侧增加了特殊橡胶层，起到加强的作用，不易变形，轮毂增加了台阶及沟槽结构，使胎圈不容易飞脱。在完全没有气体的状态下，能够以90km/h的车速行驶320km，另外以60km/h的速度、半径25m转弯时轮辋不会脱落。

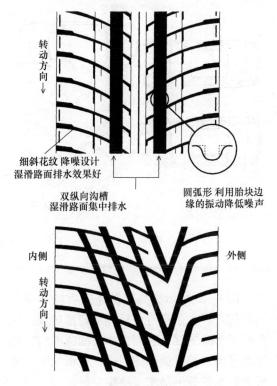

图4-37 湿地轮胎胎面花纹实例
（上）圆周方向沟槽花纹
（下）与圆周方向成一定角度的沟槽花纹

前者同时会在胎面中间设有较宽的沟槽，看上去很像是两条轮胎拼合而成，有的轮胎也会在圆周方向沟槽的基础上交织与圆周方向成一定角度的沟槽。

后者胎面沟槽与圆周方向成一定角度，增加了沟槽的有效断面面积，即使车辆发生侧滑，也能够确保沟槽的有效断面面积。

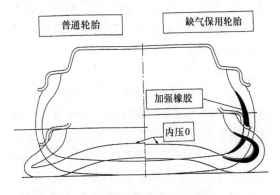

图4-38 缺气保用轮胎实例

［鹤贺孝广］

4.4 减轻碰撞伤害技术

4.4.1 前言

本节主要针对碰撞时保护乘员的安全技术进行说明，即主要围绕碰撞时有效吸收碰撞能量，缓和对乘员的冲击，并能够确保乘员生存空间的车身技术，以及防止或减轻乘员与车内零部件碰撞的约束装置和相关假人技术新的应用等进行介绍。同时也涉及一些与乘用车发生碰撞的摩托车乘员保护研究动态及从乘用车角度保护行人的对策技术等内容。

4.4.2 车身结构

出于车身碰撞安全考虑，最常用的是"safety cell"车身结构，可以有效地确保乘员生存空间并缓和对乘员的冲击。该结构在车身前部设置缓冲区域，能够有效吸收碰撞能量。最近针对侧面碰撞及碰撞翻车事故时的乘员保护研究也越来越受到重视。

这里将对目前车身各部位结构相关的技术进行介绍，并从兼顾轻量化及再利用的角度，对已经实用化的铝材质车身、其他碰撞吸能转向盘以及可动式翻滚护架等车身相关安全技术进行介绍。一般碰撞安全措施在初期设计阶段大都会借助有限元模型进行动态结构分析模拟，效果非常显著。不过本节不涉及该内容。另外车身结构部位名称请参考JASO用语标准。

a. 前部结构

出于正面碰撞能量吸收的考虑，承载式车身主要吸能部分为前纵梁，带车架的车身主要吸能部分为前部车架。不过发动机舱内的发动机及变速器几乎不吸收碰撞能量，因此，设计车身前部的零部件布置方案及结构的时候必须要考虑如何有效吸收碰撞能量，确保溃缩行程。另外，FF车没有传动轴结构，无法像FR车那样向车身后部分散能量，因此，如何确保车身前部的吸能特性则显得更加重要。

如图4-39所示，正面碰撞也分为100%正面碰撞、偏置碰撞及斜向碰撞等，从事故调查分析结果来看，针对偏置碰撞等非对称碰撞采取有效的对策也是非常重要的。对于100%正面碰撞来说，如何降低乘员的减速度、降低车身速度最为重要，而偏置碰撞时多数情况下变形集中在某一处，因此，首先要考虑如何确保车内的生存空间。为确保生存空间一般会采取加强车身强度的办法，但是这又会使100%正面碰撞乘员冲击增大。此处将针对车身前部吸能结构及分散车内碰撞能量结构的现状进行介绍。

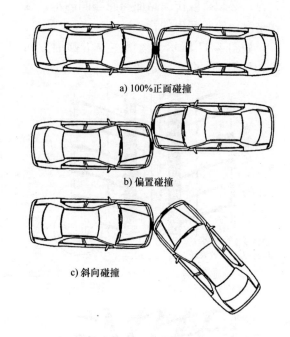

图4-39　正面碰撞形态

图4-40所示为典型的碰撞吸能车身骨架结构，扩大了车身前后侧的碰撞区域，并提高了车身的强度。当发生正面碰撞时，碰撞能量通过前纵梁向侧门槛、地板纵梁、地板通道3部分下部车身结构分散。

图4-41所示是正面偏置碰撞比较常用的典型结构。承载式车身主要框架采用高强度钢板提高强度，前纵梁后端采用三叉式结构与驾驶室相连，车辆前方的冲击力向中央通道、地板、侧围板3个方向分散，尽量减小驾驶室的变形量。

图4-42所示为前纵梁吸能结构，纵梁结构尽量采用平直的形状，前侧设有溃缩槽，碰撞时呈风琴状溃缩，吸能效果非常好。

较容易，而且驾驶室前后侧可设置碰撞区。而对于侧面的碰撞，由于车内乘员与对方车辆（或物体）距离非常近，非常容易对车内乘客造成直接冲击。另外，车身侧面的车门开口面积很大，可吸收能量的部位很少，因此，侧面碰撞对策一直是个难题。

最近，美国基于动态试验结果实施了侧面碰撞法规，之后其他各国开始讨论侧面碰撞的法规化进程。对比法规化比较完备的美国和欧洲会发现，碰撞试验方法、碰撞车辆规格、试验所用假人（人体模型）、伤害值标准等评价方法存在很多不同点。其中针对胸部及腰部的伤害值评价，美国参考标准是乘员产生的加速度，而欧洲基于变形量及载荷的测量结果，思考方式各不相同。

侧面碰撞对策的基本思路是减小车门及立柱向车内的变形量，提高包含车门在内的车身侧面防撞梁的强度，在有限的空间内提高碰撞能量的吸收和分散效率。此处将针对侧面碰撞传递碰撞能量的车身结构进行介绍。

图 4-43 所示为侧面碰撞冲击力向整个车身分散的结构，侧面主要传递结构除了地板横梁外，还有座椅及中央通道。前排座椅下侧前后各布置一根钢制横梁，确保了座椅宽度方向的生存空间，前侧横梁位于车门与中央通道之间，后侧横梁位于中间立柱与中央通道之间，能够有效地将侧面的碰撞能量传递到车辆另一侧。

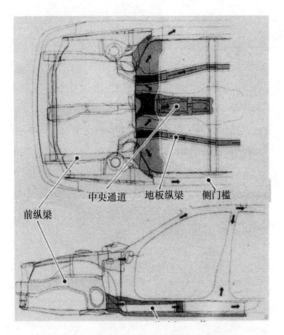

图 4-40　碰撞吸能车身骨架结构实例

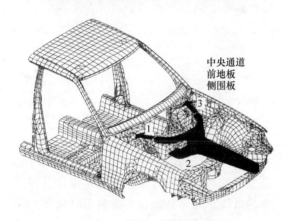

图 4-41　三叉式前纵梁结构

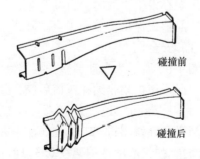

图 4-42　带溃缩槽的前纵梁结构实例

b. 侧面结构

一般情况下，车辆前后侧增加加强梁比

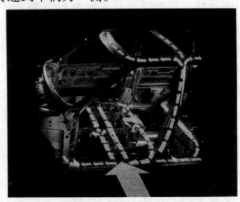

图 4-43　侧面碰撞对策车身结构实例

c. 后部结构

后面碰撞吸能对策思考方式与前侧基本相同，承载式车身主要依靠后纵梁，带车架式车身主要依靠后部车架。不过与前侧有一点不同的是后面没有发动机及变速器等较重的单元，主要从后地板及后翼子板等后部车身板材方面考虑吸能对策。设计时一定要注意追尾碰撞时如何缓和对乘员的冲击，确保乘员的生存空间，另外还必须注意碰撞时对供油系统的保护，防止发生火灾。

d. 其他

（ⅰ）铝制车身 如图4-44所示，车身结构使用铝材既能够实现轻量化的目标，材料还能够回收再利用，兼顾了节能和安全性两方面。该车身的顶篷横梁、侧门槛以及立柱等均为铝挤压成形加工而成。

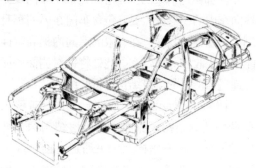

图4-44 铝制车身结构实例

在应力较集中的拐角及交叉部位，采用真空铸造铝合金材料连接，该车身骨架匹配铝制板材，与钢制车身比较重量大幅下降，挤压成形技术避免了车身骨架的焊接等接合点，可根据要求调整壁厚，板材部分与车架通过铆钉连接，确保了车身刚度和连接质量。不过这种车身框架技术在加工精度和成本方面还存在许多尚未解决的课题。

（ⅱ）碰撞吸能转向盘 在考虑转向盘安全对策时，首先要考虑正面碰撞时，如何减少转向盘向车内的突出量，确保车内乘员的生存空间，其次与车内乘员发生冲撞时，如何吸收冲击能量，减轻对乘员的伤害。

转向盘冲击能量吸收结构已经比较普及，最近采用较多的是在转向盘上增加的吸能机构。正面碰撞时，乘员的上半身最容易与转向盘发生碰撞，因此也是考虑转向盘碰撞对策的重点所在。

具体结构如图4-45所示，如利用转向盘中央位置变形缓冲吸收能量，或者通过转向盘支撑部位变形，使整个转向盘正面与乘员接触，起到缓冲作用。另外，大型载货车等商用车有的转向盘通过圆盘与圆盘内辐条变形来吸收冲击能量。

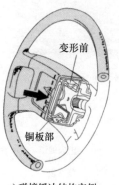 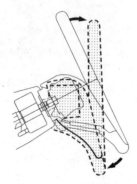

a) 碰撞缓冲结构实例　　b) 自动调整机构实例

图4-45 碰撞吸能转向盘的结构

（ⅲ）可动式翻转护架 设计车辆时必须要考虑翻车事故对策，特别是设计没有顶篷的敞篷车时，必须要考虑翻车时乘员的安全性。最近，可动式翻转护架技术已经实用化，护架在发生事故时会自动升起，对乘员头部空间形成保护，兼顾了全敞开式车辆的舒适性和安全性。

图4-46所示为自动翻转护架实例之一，正常情况下该护架收纳在座椅后侧，并安装有倾斜传感器和加速度传感器。车辆行驶时，当车身倾斜超过22°以上或者冲击力大于4g时，弹簧起动，护架在0.3s时间内升起形成保护。护架一般采用高强度钢管，外部包覆聚氨酯护套，可承受5t左右的载荷。也可通过手动开关操作使护架一直处于升起状态。

第4章 安全技术的现状

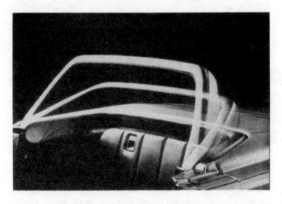

图4-46 可动式翻转护架实例

4.4.3 乘员保护装置

乘员保护装置主要是为了在发生碰撞事故时，使乘员与车辆一同减速，防止乘员在车内发生二次碰撞或飞出车外而造成死伤。这里将针对安全带、安全气囊及青少年保护装置的相关技术进行说明。

a. 安全带

安全带的作用是在车辆行驶过程中将乘员固定在座椅上，防止车内二次碰撞及飞出车外，缓和对人体的冲击，从而减轻对乘员的伤害。目前安全带经过性能及舒适性的不断改进，已经成为乘员保护系统的基本要素。其中安全带自动张紧器及安全带固定装置、安全带调节机构、后座椅三点式安全带（腰部安全带和肩部安全带组合）等越来越普及。

提高安全带使用率和针对不同体格人群的安全带适应性是今后需要进一步开发的领域。这里将针对正确使用安全带相关的自动化技术进行介绍。有关安全带相关技术请参考《汽车工程手册》一书。

（i）自动高度调节器 标准的三点式安全带系统使用方法是肩部安全带与颈部不接触且不脱离肩部，从肩膀内侧斜跨向胸部，腰部安全带横跨在髋骨较低位置。考虑到乘员的不同身高体型，肩部安全带上侧固定点一般都设有手动位置可调机构，如图4-47所示。

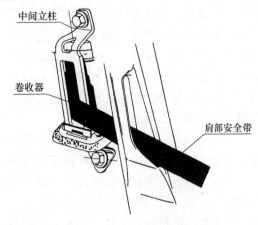

图4-47 自动高度调节器（沃尔沃）

通常安全带中间立柱下部卷收装置都设在下部固定器上，卷收轴纵向固定在立柱上，这样可以沿着乘员较舒适的角度和位置进行卷收。不过立柱上部的卷收装置布置空间狭窄及使用安全带的姿势不同，肩部安全带的使用效果也会有一定差异。

有的肩部安全带与座椅滑动机构联动，如图4-48所示，电动座椅滑动调节与安全带高度调节器通过拉线连接，座椅向前移动时，肩部固定器向下移动（座椅向后移动时，固定器向上移动）。

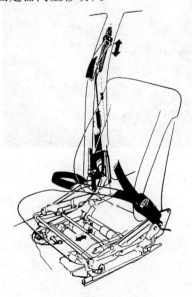

图4-48 自动高度调节器（奔驰）

需要注意的是座椅滑动机构与固定器高度的位置关系。在该系统中，当座椅位于最前侧开始向后的 210mm 范围内，固定器移动范围为 105mm（2∶1），座椅超出此范围继续向后移动时，固定器将维持在最高点不动。这也是在设计之初对各种体型的人群进行测量并模拟之后得出的结论。

（ii）整体式座椅　普通的三点式座椅出于承受碰撞冲击考虑，一般前排乘员肩部安全带固定器都安装在中间立柱上。而整体式座椅中，安全带系统与座椅成一体式设计，在调整座椅位置的时候，腰部及肩部安全带能够与乘员保持不变的位置关系。

如图 4-49 所示，该系统中安全带卷收器内置于座椅靠背内部，安全带出口在肩部位置。在调节靠背角度时，系统会自动修正卷收器上的摆子式加速度传感器，即使靠背角度发生变化也不会造成传感器误启动。

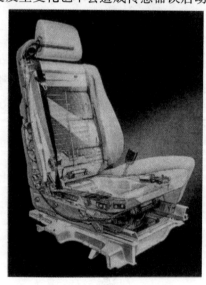

图 4-49　整体式座椅实例

考虑到不同乘员的身高差别，肩部安全带固定器位置可上下调节，有的可随头枕联动进行高度调节，有的根据座椅座面位置进行高度设置。安全带与座椅整体式设计的系统一般情况下都需要对座椅骨架进行加强，因此，在成本和重量方面会有所增加。目前仅在部分高级车辆电动调节座椅上采用。

b. 安全气囊

安全气囊与安全带并用，在发生碰撞事故时，安全气囊起动以缓和乘员面部与车内内饰件的二次碰撞冲击。美国法规中对安全气囊的碰撞性能有具体的要求，要求必须针对使用安全带和不使用安全带 2 种情况开发安全气囊。自美国最先要求驾驶人和前排乘员位置必须配备安全气囊后，安全气囊越来越受到人们的重视，日本包括微型车在内的所有乘用车在技术上都实现了安全气囊的安装匹配。安全气囊的技术开发已经非常成熟。

这里将针对正面碰撞用安全气囊以及侧碰用安全气囊等最新技术进行介绍。

（i）系统　以往在发生正面碰撞时，前排乘员死伤的比例较大，为此，根据乘员保护法规对安全气囊进行了相关技术的开发，例如后排乘员用安全气囊和侧碰安全气囊，扩大了气囊的保护范围。另外驾驶人一体式安全气囊等系统集成化技术也已经得到应用。下面将对上述系统进行介绍。

（1）安全气囊概要：当正前方发生碰撞时，正面碰撞用安全气囊传感器检测到冲击量超过设定值，起动气体发生器使安全气囊充气碰撞，保护车内乘员。安全气囊与安全带配合使用效果更佳，也被称之为安全带的辅助装置。不同的车辆，安全气囊起动时的冲击强度也略有差异，大致相当于以 20km/h 的车速正面碰撞混凝土墙壁时的冲击强度。

图 4-50 所示为安全气囊的展开过程。50～55km/h 车速碰撞正面障碍壁时，传感器检测（约 15/1000s）到碰撞后气囊从展开（保护乘员）到收缩仅有短短的 0.1s 的时间，因此，技术方面需要系统在瞬间判断该碰撞是否需要展开气囊，并在短时间内展开气囊保护乘客。安全气囊系统按照点火方式可以分为电子点火式和机械点火式。电子

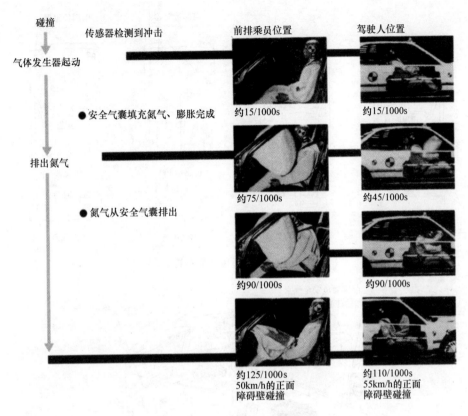

图 4-50 安全气囊展开过程实例

点火式以车辆的蓄电池为电源,机械点火式工作原理是传感器启动后,与传感器相连的点火销由弹簧等获得动能敲击并点燃产气药剂。

另外,传统的电子点火式安全气囊系统是在车身前部布置多个带电子触点的机械式传感器,针对不同的正面碰撞形态能够第一时间检测到碰撞情况的发生,如图 4-51 所示。最近正在研究采用单个电子传感器维持并提高系统的碰撞判断能力。

(2)驾驶人及前排乘员安全气囊:目前,除了驾驶人单独的安全气囊以外,驾驶人和前排乘员一体式安全气囊系统也逐渐在普及(参照第 1 章的图 1-14 和图 4-52)。

安全气囊主要由承受乘员冲击的气囊、覆盖折叠气囊的罩盖、气体发生器、碰撞感知传感器、点火装置、诊断装置、电源、警告装置等构成。通常驾驶人安全气囊模块如图 4-53 所示,设置在转向盘中央位置,前排乘员用安全气囊安装在仪表板上。

驾驶人和前排乘员安全气囊一般情况下是同时展开的。目前已经开发成功的技术可以实现以下功能:当前排乘员位置无人乘坐时,可以关闭前排乘员位置的安全气囊,或者使气囊分两级膨胀缓慢展开,也可以根据是否使用安全带改变安全气囊的展开速度。

(3)一体式驾驶人安全气囊:所有的安全气囊部件都收纳在转向盘中央位置,体积小且结构简单,搭载方便。欧洲一般采用被称之为"eurobag"的小型安全气囊系统,日本也将该小型安全气囊系统用于驾驶人的面部保护。该系统与传感器为一体式设计,因此,要确保保险杠到转向盘这一传递路径的刚性。

另外,为了避免传感器发生错误警告,在坏路及路沿石等路况上进行了确认,而且

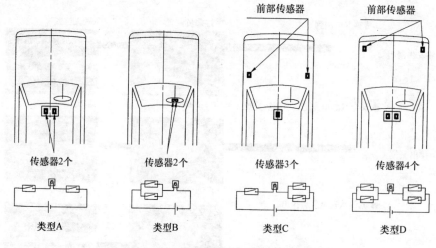

图 4-51 安全气囊传感器布置实例

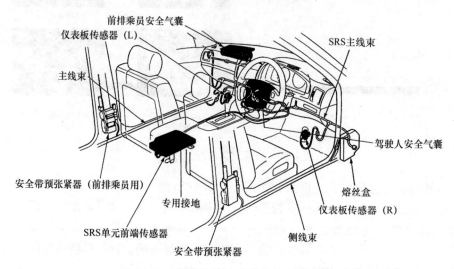

图 4-52 驾驶人及前排乘员安全气囊实例

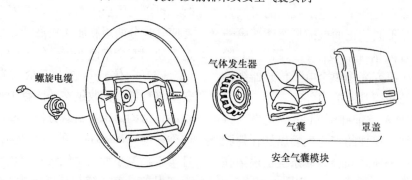

图 4-53 驾驶人安全气囊模块实例

在上下/前后调节转向盘位置时以及用手敲击转向盘时均保证不会发生系统误启用。特别是针对转向盘手动调节机构，在转向柱上设置了液压减振器，防止操作时的冲击过大。

采用机械式传感器时，也考虑了转动转

向盘时检测性能的稳定性及敲击时的减振特性。最近，体积更小、性能更优的电子传感器系统逐渐被采用。很多电子点火一体式安全气囊系统由于增加了一体式备用电源，都配备了安全开关，防止拆卸时的误启用。机械点火式安全气囊虽然不需要电源，但是为了防止运输及组装时的冲击造成系统误启用，也配备了安全装置。图4-54所示为一体式安全气囊系统实例。

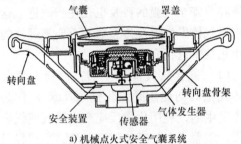

a) 机械点火式安全气囊系统

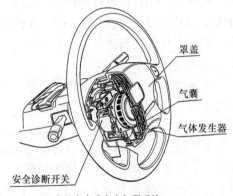

b) 电子点火式安全气囊系统

图4-54 一体式安全气囊系统

最近很多二手车也对安装新气囊有需求，从安装方便性考虑，均将目光投向了一体式安全气囊系统。对于这种后期改装的车辆，车型不同碰撞时的车身特性也不尽相同，从系统的通用性方面考虑，传感器的敏感度设计是一个非常重要的课题。

（4）后座椅安全气囊：图4-55所示为前排乘员后侧乘员用安全气囊，气囊安装在前排乘员座椅靠背上部，发生正面碰撞时，气囊向座椅后方展开保护后排乘员。与驾驶人用安全气囊共用传感器和控制单元。后排乘员落座姿势不像驾驶人那样固定，因此，气囊容积是驾驶人用安全气囊的1.5倍，增加到了100L，主要采用带橡胶涂层的尼龙气囊。

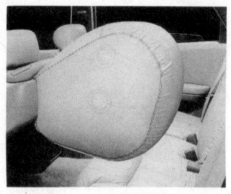

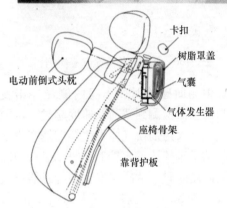

后排安全气囊模块断面实例

图4-55 后排安全气囊系统实例

后排安全气囊和前排乘员安全气囊一般不同时使用，否则会导致车内气压骤然上升。而且一般会配备2个气体发生器，错开各自的启用时间使气囊缓慢展开，避免车内气压上升过快。为了避免碰撞时乘员移动量过大，座椅一般都要做得非常结实牢固，靠背也设计在最有利于保护乘员的位置，因此对安装在靠背上的气囊结构有很大的制约。

（5）侧碰安全气囊：如图4-56所示，该系统由气体发生器、机械式传感器、导火线、气囊构成。气囊设置在前座椅靠背骨架靠近车门一侧，传感器安装在座椅座垫下侧横梁靠近侧门一侧。与正面碰撞用安全气囊不同,由于该系统采用非电子式机械点火,没有自我诊断装置及警报装置。

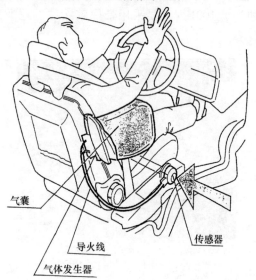

图 4-56 侧面碰撞安全气囊实例

发生侧面碰撞时,车门内侧受冲击变形,当传感器检测到载荷及速度超过一定限值时点燃点火药剂使气体发生器燃烧产生气体,收纳于座椅内的气囊冲破表皮并展开。高速侧面碰撞时,从碰撞发生到传感器点火时间大约为 5ms,气囊展开大约需要 7ms,即碰撞到气囊展开仅仅短短的 12ms 的时间。由于车内乘员与车门之间的空间有限,必须要在最短的时间内检测到碰撞并展开气囊。

安全气囊安装在座椅上的优点是气囊随着座椅位置一同调整,与乘员的位置相对固定,且体积较小,气囊容积约为 12L,比正面碰撞用气囊小很多,展开时成直径 13cm×高 30cm 的圆柱形,主要保护肩部以下到肘部位置。美国及欧洲的侧面碰撞法规评价试验结果显示,配备该系统后,胸部伤害值 VC(Viscous Criterion)降低 50%,TTI(Thoracic Trauma Index)降低 25%。另外还利用不同体格的假人对气囊展开时是否会对人造成伤害进行了试验评价。

系统的核心技术之一就是传感器的敏感性能。从评价试验事故结果来看,对前门变形的检测是比较准确的,试验采用的是机械式传感器。启动传感器的冲击速度设为 2m/s 以上、载荷在 500N 以上、受压部位变形量在 2mm 以上,这样设置的目的主要是考虑避免车辆侧面剐蹭及关门用力过大等动作导致传感器误启动。现在该安全气囊定位为车身结构辅助装置。

(ⅱ)安全气囊构成要素 气囊相关零部件随着安全气囊的普及也在逐步改进。这里将对气体发生器及传感器等重要零部件的实用化技术进行介绍。

(1)混合式气体发生器:目前大部分气体发生器均使用叠氮化钠(NaN_3)作为气体发生剂,利用化学反应产生氮气使气囊膨胀。随着安全气囊的逐渐普及,小型轻量化、低成本、包括报废在内的处置安全性提升等都已成为研究的重点课题。在此背景下,致力于环保性和提高安全性的混合式气体发生器应运而生。

该发生器利用推进剂和惰性气体作为气体发生剂,惰性气体密封在高压容器内,利用少量推进剂的燃烧产生气体充满气囊。而且高温气体与低温惰性气体混合能够抑制温度的上升,推进剂产生的气体更加环保,可以省去传统气体发生器上占较大空间的过滤器。

气囊也不需要为提高耐热性等对内表面进行涂层处理,气囊折叠后体积更小。目前主要用于对气囊容积要求较大的前排乘员用安全气囊。如图 4-57 的结构实例所示,推进剂使用混合炸药,惰性气体使用氩气,实现了气体的环保性。用 200~300 个气压的高压将氩气密封在高压容器内,利用推进剂点火推动活塞穿破容器指定位置释放出气体。该气体发生器的气体输出特性比较稳定,且容易调节,使用过程相对安全,但是需要考虑漏气检测装置及检查方法等对策。

(2)电子传感器

① 碰撞检测方式：安全气囊系统检测碰撞的方法主要分为 2 种，一是利用惯性质量的转移判断碰撞的机械式传感器，一种是将加速度转变为电信号，对该信号进行处理、判断的电子式传感器。机械式传感器中不同的气体发生器点火方式其结构也不尽相同。有利用机械性冲击能量点火的纯机械式传感器，也有在惯性体上设置电子触点，通过电气能量点火的电子/机械式传感器，其结构实例如图 4-58 所示。

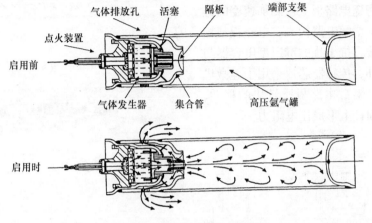

图 4-57 混合式气体发生器实例

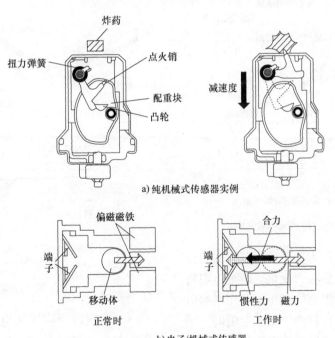

图 4-58 机械式传感器结构

如今传感器的开发趋势是实现高性能、低价格的开发。电子式传感器作为碰撞加速度的检测装置，主要分为压电元件式和半导体式。前者在安全气囊上的应用较早，今后将进一步得到改进和实现低成本化，后者的加速度检测部分与 IC 一体式设计，属于更集约化、小型化的新技术。以下针对半导体传感器进行说明。

半导体传感器即硅微机械加工应用传感器,按照检测部位输出方式的不同分为压电电阻式和静电容量式。电阻式传感器桥电路温度特性变化较大,因此需要温度补偿电路。

压电电阻式传感器的结构实例如图4-59所示,由厚膜陶瓷电路板上检测加速度的硅传感器芯片及其增幅电路构成。电路板与输入输出端子连接,抗干扰的贯通型电容器与端子连接。另外,传感器芯片采用了硅微机械加工技术,针对硅电路板质量块的移动,在承受应力的顶杆上形成压电阻力。

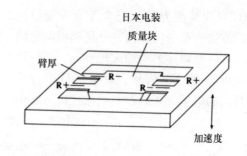

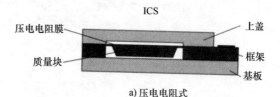

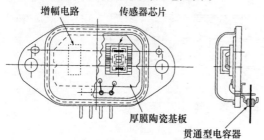

a) 压电电阻式传感器结构

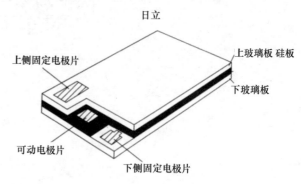

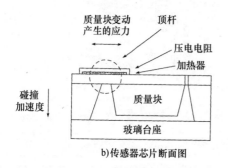

b) 传感器芯片断面图

图4-59 压电式传感器结构实例

加速度变化表现为质量块上下方向的位移,引起顶杆部位的应力变化。压电电阻将应力变化转变为电阻值的变化,利用增幅电路以电压的形式进行检测。压电电阻同一平面上设有加热器,传感器外部给加热器通电并加热,顶杆内外温度差产生的应力换算为加速度,该特性可以应用于传感器自我诊断功能。另外,图4-60所示为其他传感器芯片结构。为了确保加速度检测部位的耐冲击性,会在芯片检测部位设置横梁结构、限位块以及减振结构等。

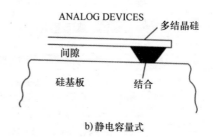

图4-60 传感器芯片结构

② 碰撞判断演算法电子式安全气囊可以通过计算碰撞加速度数据推测碰撞严重程度,以此可以对碰撞形式的识别及气囊的展开时机等进行优化。一般车辆前侧碰撞区域是最容易感知到碰撞的区域,但是考虑到安装环境及系统简化等因素,通常会布置在非直接碰撞的车内某处。

如果将传感器单元布置在地板或地板通

道上，前方碰撞的冲击会发生衰减和延迟，因此需要考虑传感器的判断能力。电子式传感器系统的碰撞判定处理方法（演算法）是该系统的核心技术之一，已经受到了业界的广泛关注。

图 4-61 所示为演算法实例。该处理方法能准确判断碰撞状况，在高速、中速、低速区域分别对加速度波形进行解析处理，并列输出解析结果。高速碰撞时对加速度进行微分处理，能够更早地对碰撞趋势进行预测处理，避免了检测的延迟。在中低速区域内，对加速度进行区间积分及累计积分处理，从车身的速度变化分别进行判断。实际运行时，这些处理都是通过 CPU 同时进行演算的，并与各自的敏感度 ON/OFF 阈值进行比较，然后输出碰撞判断结果。

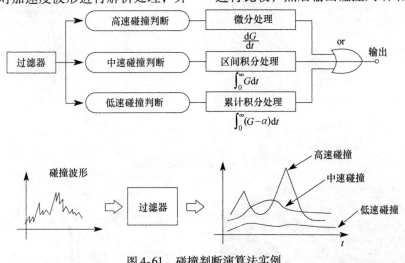

图 4-61 碰撞判断演算法实例

c. 儿童约束装置（Child Restraint System：CRS）

此前介绍的安全带及安全气囊技术均是以保护成年乘客为主，实际乘车时对儿童的保护也是不可忽视的。最近，欧美等国家和地区法律规定乘车人员必须使用安全带，因此对 CRS 的改进及开发的要求也越来越多。但是市场上单独销售的 CRS 经常发生与车辆不匹配的问题。下面针对目前的 CRS 进行介绍。

(i) 改装 CRS　如图 4-62 所示，CRS 根据形状及适用年龄分为婴幼儿安全睡床、幼儿安全座椅及学龄儿童增高座椅。一般所说的儿童座椅是指图中的幼儿安全座椅。一般的 CRS 都是购入车辆后自行改装的，由于孩子年龄的增长，其使用时间是有一定期限的。日本国内的 CRS 普及率也不是很高，价格偏高是一个主要原因，因此如何提高使用率是很重要的课题。

另外，安装 CRS 时，需要用安全带固定安全座椅，操作起来也很费时费力。使用标准 ELR 三点式安全带固定时，安全带从 ELR（紧急锁止式卷收装置）自由进出，因此需要固定安全带的专用卡扣。为了实现不用卡扣固定 CRS 结构，很多车辆开始采用带 ALR – ELR（自动锁止式卷收装置）的安全带。这样一来，用普通安全带固定 CRS 时，安全带不会被拉伸出来而处于卷收状态，因此，美国已经规定驾驶人以外的其他座椅必须安装上述 CRS 固定装置。

(ii) 座椅嵌入式 CRS　为了解决拆装 CRS 的繁琐操作以及不当固定（误用）导致的安全性下降等问题，研发出了座椅嵌入式 CRS，通过简单的操作即可将普通的座椅改造成 CRS 使用。如图 4-63 所示，该形式的 CRS 大致可分为幼儿用座椅和学龄儿童增高座椅 2 大类。

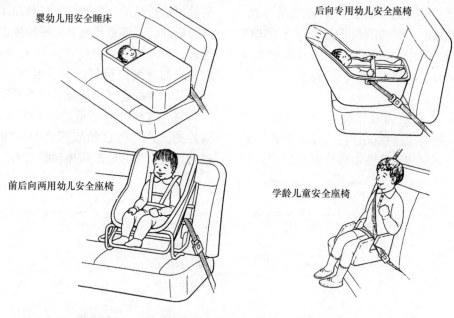

图 4-62 改装 CRS 实例

幼儿安全座椅

学龄儿童用增高座椅

图 4-63 座椅嵌入式 CRS 实例

幼儿用座椅一般与五点式安全座椅组合使用,使用过程中需要展开、折叠,因此,针对展开时儿童座椅形式的贴合性以及折叠后成人落座的舒适性等需要深入研究。碰撞时,组合儿童座椅的座椅靠背要承受很大的冲击力,因此需要提高座椅强度或者将固定点设在车身上以保持座椅强度。

另外,一般的学龄儿童用安全座椅使用时要将增高座椅从靠背中拉出放置在座椅座垫上,儿童坐在增高座椅上,使用成人用安全带保证安全。由于碰撞时主要由安全带承受冲击力,座椅靠背强度不需要特殊加强。

4.4.4 碰撞试验用假人

这里将针对汽车碰撞安全评价时使用的测量设备,即正面碰撞用及侧面碰撞用人体模型的现状进行介绍。

a. 正面碰撞试验用假人

这里对 HYBRID Ⅱ 假人的下一代产品 HYBRID Ⅲ(图 4-64)进行介绍。首先假人的标准尺寸为 50 百分位的男性,这是美国成年男性的平均值(体重及身高)。该假人由通用公司开发,特性方面比 HYBRID Ⅱ 更接近人类,装置的测量性能更高。

例如腰椎向前弯曲,坐姿更接近人类实际姿势,颈部也采用了分割式结构,该部位动态变形及伸缩活动角度可按照人类实际状态设置。胸部由六根弹簧钢制肋骨构成,可以模拟人类的变形特性,不过由于温度敏感性较高,温度控制方面需要格外注意。另外还安装了传感器用于测量胸廓的变形量。在下肢膝关节位置安装了滑动机构及位移计,用以测量胫骨相对于大腿部的位移。脚部还安装了载荷测量仪。

b. 侧面碰撞试验用假人

侧面碰撞用假人与正面碰撞用 HYBRID Ⅲ 假人不同,在侧面增加了测量冲击力的机构。图 4-65 所示为目前主要使用的侧面碰撞用假人。美国密歇根大学基于与 NHTSA(道路交通安全局)的协议,开发并改良了 SID 假人,应用于目前的侧面碰撞法规(FMVSS214)。通用公司在 SAE 的协助下,开发了 BIOSID 假人,该假人与人的特性更加接近。该新型假人在 HYBRID Ⅲ 假人的基础上针对侧面碰撞评价,以胸部为中心进行了大规模的改良。

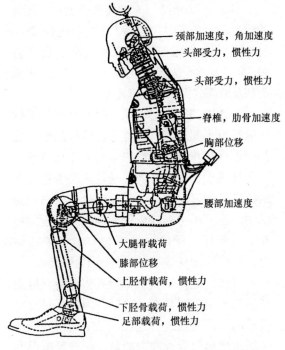

图 4-64 正面碰撞试验用假人(HYBRID Ⅲ)

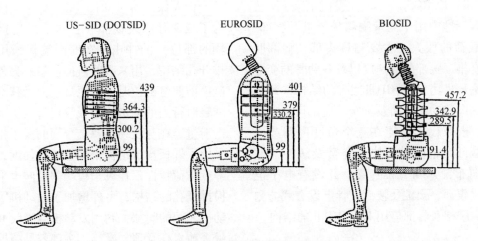

图 4-65 侧面碰撞试验用假人

另一方面,欧洲以 EEVC(欧洲实验安全车辆委员会)为中心针对 SID 开发了 EUROSID 假人。此后,基于生物体忠诚度评价进行了设计改良,开发了新一代假人 EU-ROSID-1,主要用于欧洲侧面碰撞试验法规。日本没有自己开发假人,不同的伤害标准采用了欧洲及美国不同的假人进行评价。下面对各种假人的结构进行简单介绍。

(ⅰ) DOT-SID 美国侧面碰撞法规伤害标准中用于测量胸部及腰部加速度的假人。头部、颈部、腹部、腰椎等借用了HYBRID Ⅱ的结构，肩部及手腕为整体式发泡材料制成。胸部左右各五根肋骨成一体式连接，带胸部位移计的弹簧液压缓冲器用于支撑胸廓和胸椎。腰部采用与HYBRID Ⅱ相同的结构，不过外皮进行了改良，且重心位置有所变化。脚部结构与HYBRID Ⅱ也基本一致，为防止侧面冲击导致膝部损伤，在膝盖和大腿的连接处增加了铰链结构。

(ⅱ) BIOSID 与DOT-SID比较，增加了对各肋骨的加速度及位移的测量，在肩部、颈部、腰椎、髂骨、骶骨、膝盖、胫骨等各部位设置了载荷计。头部、颈部及脚部借用了HYBRID Ⅲ假人的结构。分布于肩部、胸部及腹部的六根肋骨与不承受冲击那一侧的胸椎相连。各肋骨通过线性位移计测量变形量及加速度。另外，在承受冲击的肩部安装上肢。腰椎在HYBRID Ⅱ的基础上进行了缩短，腰部为可分割结构，能够对各个骨骼进行载荷测量。

(ⅲ) EUROSID-1 欧洲侧面碰撞法规伤害标准中用于测量胸部变形量及腹部、腰部载荷的假人，主要测量头部、胸部肋骨、脊椎、腰部的加速度以及各肋骨的变形量。头部借用HYBRID Ⅲ假人的结构，颈部可沿侧向移动、弯曲及旋转。肩部可向前侧旋转，上肢仅小臂能在三个角度内调节固定。胸部三根肋骨模块（弹簧及缓冲器左右方向布置）与脊椎连接，并设有电子位移计。腹部、腰椎及腰部耻骨上设有载荷测量仪。腰椎及脚部借用HYBRID Ⅱ的结构。

4.4.5 减轻行人及摩托车乘员伤害技术

汽车的安全技术研究基本上都聚焦在如何对车内乘员进行保护，而实际的交通事故中很多情况涉及摩托车及行人，且很容易受到伤害，因此，今后将进一步针对这些交通环境中的弱者开发有效的安全对策。这里从车辆方面采取的行人保护对策技术及摩托车乘员保护的研究动态进行介绍。

a. 行人保护

日本1992年的行人事故调查显示，死者的致命伤大多集中在颈部，比例高达64.2%。另外，从所有死伤人员来看，腿部伤害占40.2%，其次是头部伤害占25.2%。由此可知头部及腿部的保护对策至关重要。

车辆碰撞行人时，第一时间接触的部位一般是行人腿部与保险杠。保险杠的形状及其变形载荷特性不仅会影响行人腿部骨折与否及韧带损伤程度，而且是行人是否被撞飞的决定性因素。不过，目前保险杠的功能要求中，需要尽可能降低低速碰撞时车辆的损伤，因此行人保护对策要与车辆保护相结合，最终确定保险杠的特性及形状。

其次，碰撞事故中，行人头部最有可能碰撞的车辆位置是发动机罩，因此要对发动机罩的载荷特性进行优化，当受到强烈冲击时通过变形来吸收冲击能量，而且要确保发动机罩与发动机零部件之间的空间。

行人保护对策如图4-66所示。该车辆为了减少对行人腰部（在腿部之后接触车辆的部位）的冲击，在前围端板采用了横排开孔结构，用来吸收碰撞能量。另外，当碰撞前照灯部位时，前照灯会向后移动进而减轻对行人的冲击。为吸收对行人头部的冲击能量，在与发动机罩结合面的翼子板端部采用了外板弯折结构来加强结构强度，为了降低载荷特性，在翼子板端部纵向也采用了横排开孔的结构，另外增加了发动机罩与发动机之间的间隙，利用发动机罩吸收冲击能量。前立柱及顶盖横梁等头部容易碰触的部位由于需要确保足够的强度，仅在部分位置采取了吸能结构。

其他行人保护对策还有外后视镜缓冲机构等。外后视镜壳体部位受到的载荷超过规定值后，壳体会发生旋转或其固定部位发生

第4章　安全技术的现状

变形以减轻对行人的冲击。

翼子板端部结构

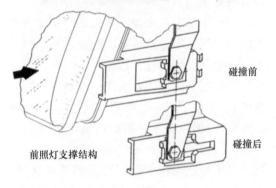

图 4-66　行人保护对策实例

b. 摩托车乘员保护

四轮车相对于两轮车的碰撞安全并没有像行人保护那样被广泛关注，这是因为四轮车前部采取的行人保护对策对两轮车同样有效，因此四轮车的保护对策也可以说是从保护弱者的角度考虑安全对策。

另一方面，摩托车自身的乘员保护对策在25年以前就已经开始了研究，不过由于乘员动态不像四轮车那样限定在车内，摩托车的乘员运动范围很大，自由度更高，不同的乘员保护评价方法对于研究结果的影响很大。因此1992年ISO针对全球统一的评价方法进行了研讨，并于1994年总结了标准方案，下面对其标准概要进行说明。

该标准方案立足于两轮摩托车用乘员保护装置的研究，针对装置的影响、效果等进行综合评价的方法进行了阐述，由8部分构成。

基于洛杉矶及汉诺威610件事故数据，将碰撞形态按照两轮车与四轮车的碰撞点、碰撞速度、碰撞角度分为200种。图4-67所示的7种形态为实车碰撞试验用，其余193种形态建议用于计算机模拟评价。碰撞

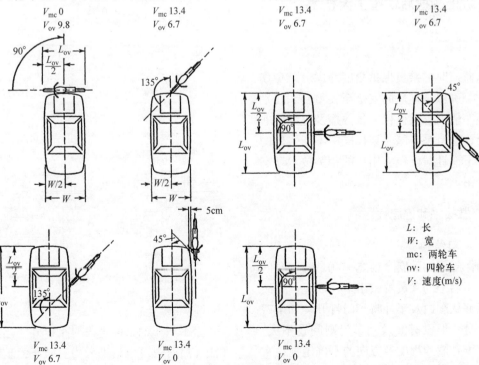

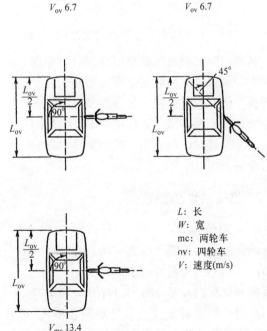

L：长
W：宽
mc：两轮车
ov：四轮车
V：速度(m/s)

图 4-67　主要碰撞试验形态

试验用假人在 HYBRID Ⅲ 的基础上增加了掌握转向盘的手臂、维持假人姿势的颈椎及脊椎、可佩带安全帽的头部形状改进等。另外，考虑同时对腿部保护的研究，采用了能够模拟人腿骨骨折的假人，可以直观地了解是否会造成腿部骨折，这样也可以通过是否发生骨折来准确评价试验后的假人举动。摩托车碰撞时，假人有可能从车上脱离，与对方车辆碰撞，最后跌落地面，由于活动范围较广，为避免测量线路对假人动作的影响，采用了假人内置式数据记录仪。

乘员保护装置评价利用头部、颈部、胸部、腹部、大腿、膝部、小腿等部位的载荷及加速度测量值以及有无骨折等综合评价指标对身体各部位的受伤程度进行计算，特别是头部，角加速度会影响受伤情况，在假人头部内置了 9 个加速度计，除了 HIC（Head Injury Criterion）以外，还导入了角加速度以及并进加速度等综合评价指标（GAMBIT）。

4.5 防止碰撞后伤害扩大技术

4.5.1 前言

从碰撞时的乘员保护角度考虑，避免伤情扩大，确保碰撞后的安全至关重要，特别是防止车辆火灾及确保乘员救援及逃脱性非常重要，这也是各国法规标准中不断强化的部分。下面针对已经实用化的相关技术动态进行介绍。

4.5.2 救援性和逃脱性

a. 车门结构

确保碰撞后的安全性之一就是第一时间将事故车辆中的乘员解救出来，因此，事故后要能够从车内及车外将车门打开。如果碰撞后车身变形没有波及到车门则问题不大，但是由于碰撞的程度及方向的不确定性，常常会导致车门变形无法打开。

从结构上考虑，首先能够通过操作车门把手开启车门，当车门锁死时，首先要能够解除锁死状态。如图 4-68 所示，该车辆采用了事故时能够自动解除车门锁死机构，该机构由冲击检测传感器及门锁执行器驱动回路构成，传感器在发生碰撞时能够全方位检测碰撞冲击，当检测到超过规定值的冲击后，质量块发生移动，通过推压接通移动式触点解除车门锁死。

对于车门本身来说，要求车门在碰撞时不能由于驾驶室变形导致门锁撞针与车门及车门骨架间发生钩挂，以便于车门开启，为此，有的车辆门锁撞针采用楔形结构，有的车辆前后门内侧边缘形成位置差（图 4-69），以避免碰撞时前后门发生咬合而无法开启。另一方面，车门也是防止碰撞时乘员飞出车外及支撑驾驶室强度的重要结构，因此要求车门在碰撞事故时不能自由开启。

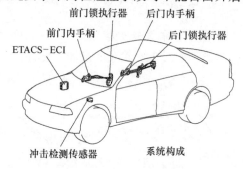

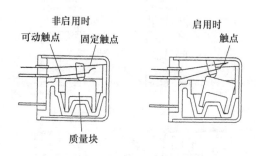

图 4-68 碰撞检测门锁接触机构实例

b. 逃脱工具

除了从车辆方面考虑对策以外，当车门无法开启时也可以借助外力打破车窗玻璃逃出。车门玻璃一般采用强化玻璃，因此身边

第4章 安全技术的现状

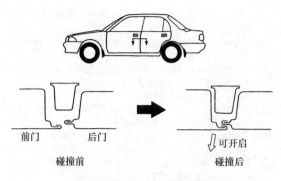

图4-69 防咬合车门实例

的物品很多无法打破。汽车专用安全锤就是利用了强化玻璃受集中到某一点的载荷力更容易击碎的特点，前端设计成了尖头的形状。另外当发生碰撞后发生安全带卡扣无法解除情况时，可以利用车辆专用剪刀剪断安全带。

4.5.3 火灾对策

事故发生后安全的另一个课题就是如何避免车辆起火。而防止燃料泄漏是一个重要因素，油箱要尽可能布置在不易受事故变形影响的位置。另外，为防止碰撞时地板变形切断供油管路，一般油管都沿着加强梁布置。下面对翻车事故中的漏油对策技术进行介绍。

在日本，为防止翻车时车辆漏油，一般在油箱上部设置了侧翻阀，其结构如图4-70所示，侧翻阀设置在油箱上壁。正常情况下阀门周围没有燃料液体，利用浮子阀门自重推压弹簧，阀门处于开启状态。如果油箱内压力与外界大气压产生一定的压力差，则双向阀开启进行通气调压。另一方面，当车辆翻车后，油箱倒置导致阀门周围充满液体，翻转后的浮子阀自重以及弹簧的推力使浮子阀关闭防止燃料流出。

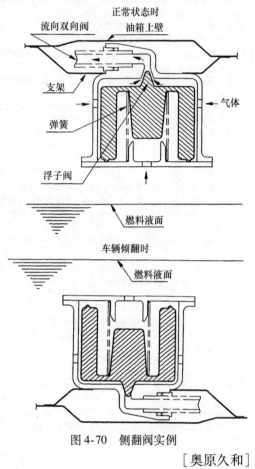

图4-70 侧翻阀实例

[奥原久和]

参 考 文 献

[1] 自動車技術会：自動車技術ハンドブック，自動車技術会，1. 基礎・理論編 (1990)；2. 設計編 (1991)
[2] G. Lindae：Improvements of Low-Beam Pattern by use of Poly-ellipsoid Headlamps (PES), SAE Paper 850228
[3] 佐藤修ほか：自動車用ランプ類と安全について，自動車技術，Vol 45, No. 10, p. 28-34 (1991)
[4] 石井英機ほか：最近の照明技術，O Plus E, No. 174, p. 111-117 (1994-5)
[5] 中垣仁志ほか：コンプレックスサーフェイスヘッドランプ，自動車技術，Vol. 48, No. 5, p. 68-72 (1994)
[6] 中川齋ほか：新型セリカ，カリーナ ED，コロナ EXiV の紹介，自動車技術，Vol. 48, No. 2, p. 102-106 (1994)
[7] 佐藤修ほか：自動車用ランプの各種光源とその特性を生かした設計，自動車技術，Vol. 44, No. 9, p. 29-33 (1990)
[8] B. Woerner et al.：Motor Vehicle Lighting Systems with High Intensity Discharge Lamps, SAE Paper 900569
[9] W. Huhn et al.：High Intensity Discharge Headlamps (HID) — Experience for More Than 3-1/2 Years of Commercial Application of Litronic Headlamps, SAE Paper 950591
[10] Uniform Provisions Concerning the Approval of Motor Vehicle Headlamps Equipped with Gas-Discharge Light Sources, TRANS/WP. 29/432 (1995. 2. 13)
[11] 保田紀孝ほか：センティアの紹介，自動車技術，Vol. 46, No. 2, p. 109-114 (1992)
[12] K. Wada et al.：Steerable Forward Lighting system, SAE Paper 890682
[13] 自動車技術会：自動車技術ハンドブック 2. 設計編, p. 383 (1991)

[14] 白井幹夫ほか：液晶防眩インナミラーの開発，自動車技術，Vol. 45, No. 2, p. 78-83（1991）
[15] H. Ueno et al.：Developement of Liquid Crystal Day and Night Mirror for Automobiles, SAE Paper 880053
[16] 小林明芳：ハイテクミラーと自動車部品への応用，自動車技術，Vol. 47, No. 8, p. 73-77（1993）
[17] 日経マテリアル＆テクノロジー，No. 139, p. 12-13（1994. 3）
[18] 楠見記久ほか：新型セドリック，グロリアの紹介，自動車技術，Vol. 45, No. 11, p. 112-119（1991）
[19] 安間徹ほか：レーザレダを用いた大型トラックの追突警報装置の研究，自動車技術会論文集，No. 41, p. 57-62（1989）
[20] 安間徹ほか：大型トラック用追突防止警報装置，自動車技術，Vol. 43, No. 2, p. 65-73（1989）
[21] 安間徹ほか：追突防止警報装置の効果と効用性，自動車技術，Vol. 46, No. 9, p. 54-60（1992）
[22] 安間徹ほか：追突防止用レーザレーダの気象条件と透過性，自動車技術，Vol. 45, No. 2, p. 32-38（1991）
[23] 安間徹ほか：小型化したレーザレーダを用いた追突警報の性能と機能，自動車技術会学術講演会前刷集 936, p. 129-132（1993. 10）
[24] 土井歩ほか：追突防止自動ブレーキシステムの開発，自動車技術会学術講演会前刷集 936, p. 125-128（1993. 10）
[25] 藤田泰裕ほか：ミリ波レーダによる衝突防止装置，自動車技術，Vol. 48, No. 1, p. 37-42（1994）
[26] M. Kotaki et al.：Development of Millimeter Wave Automotive Sensing Technology in Japan, IEEE MTT-S Digest, p. 709-712（1992）
[27] D. O. Murphy et al.：A Review of the VORAD^{TM} Vehicle Detection and Driver Alert System, SAE Paper 922495
[28] J. D. Woll：A Review of the Eaton VORAD^{TM} Vehicle Collision Warning System, SAE Paper 933063
[29] J. D. Woll：Radar Based Vehicle Collision Warning System, CONVERGENCE '94（International Congress on Transportation Electronics），94C036, p. 293-297（1994. 10. 17-19）
[30] 早川浩之ほか：車間距離警報装置について，自動車技術会学術講演会前刷集 931, p. 57-60（1993. 5）
[31] 原田敏明ほか：新型デボネアの紹介，自動車技術，Vol. 47, No. 1, p. 84-90（1993）
[32] 岡林繁ほか：自動車用ヘッドアップディスプレイにおける前景情報と表示情報の認識について，照明学会誌，Vol. 75, No. 6, p. 267-274（1991）
[33] 太田邦夫ほか：老化指標データブック，p. 148, 朝倉書店（1988）
[34] 新型クラウンのすべて，モーターファン別冊，p. 46（1987. 10. 11）
[35] 岡林繁ほか：自動車用ヘッドアップディスプレイにおける前景情報と表示情報の認識についてII－表示像位置の高さの影響－，照明学会誌，Vol. 76, No. 2, p. 81-90（1992）
[36] 岡林繁：自動車用ヘッドアップディスプレイとヒューマンファクタ，1992年第23回画像工学コンファレンス，p. 237-242（1992）
[37] 石川知成：ヘッドアップディスプレイの技術向上，自動車部品，Vol. 38, No. 1, p. 40-41（1992）
[38] 岡林繁ほか：自動車用ヘッドアップディスプレイ（HUD）における前景と表示像の視認特性，自動車技術会論文集，Vol. 24, No. 1, p. 148-153（1993）
[39] 岡林繁：視覚工学から見た自動車用ヘッドアップディスプレイ，光技術コンタクト，Vol. 29, No. 4, p. 208-215（1991）
[40] 岡林繁ほか：自動車におけるヘッドアップディスプレイの表示視認性と安全について，日産技報論文集，p. 134（1989）
[41] 伊藤徹ほか：音声ナビゲーションシステムの開発，自動車技術，Vol. 47, No. 8, p. 18-23（1993）
[42] 岸浩司ほか：音声経路案内の人間工学的考察，自動車技術会学術講演会前刷集 936, p. 93-96（1993. 10）
[43] 栃木県警察本部ほか：平成4年交通年鑑，p. 147（1993）
[44] ケンウッド広報室：音声認識用ICを開発，News Release, No. 93-CA055（1993. 12. 1）
[45] 西村紘章：タイヤ圧警報・表示装置の動向，自動車技術，Vol. 38, No. 11, p. 1316-1321（1984）
[46] 白石修士ほか：タイヤ空気圧低下警報機能の開発（運転情報の知能化技術について），日本機械学会 第3回交通・物流部門大会講演論文集（部門大会編）[No. 940-57], p. 232-237（1994. 12. 6-9, 川崎）
[47] 自動車技術会：自動車技術ハンドブック，1. 基礎・理論編，自動車技術会，p. 129（1990）
[48] 自動車技術会：自動車技術ハンドブック，2. 設計編，自動車技術会，p. 560（1991）
[49] 自動車技術会：自動車技術ハンドブック，2. 設計編，自動車技術会，p. 578（1991）
[50] G. Buschmann：Electronic Brake Force Distribution Control- A Sophisticated Addition to ABS, SAE Paper 920646（1992）
[51] 自動車技術会：自動車技術ハンドブック，1. 基礎・理論編，自動車技術会，p. 185-195（1990）
[52] 自動車技術会：自動車技術ハンドブック，2. 設計編，自動車技術会，第7章および第8章（1991）
[53] S. Sano et al.：The Effect of Improved Vehicle Dynamics on Drivers Control Performanc, 7th International Technical Conference on Experimental Safety Vehicles, Paris（1979. 6. 5-8）
[54] S. Sano et al.：Four Wheel Steering System with Rear Wheel Steer Angle Controlled as a Function of Steering Wheel Angle, SAE Paper 860625（1986）
[55] 古川修：舵角応動タイプホンダ4輪操舵システム，自動車研究，Vol. 9, No. 4, p. 12-16（1987）
[56] 木津龍平ほか：車速感応型四輪操舵とアクティブコントロールサスペンションシステム，自動車技術，Vol. 44, No. 3, p. 73-82（1990）
[57] 森和典ほか：後輪操舵の過渡制御による操安性向上，自動車技術，Vol. 44, No. 3, p. 19-28（1990）
[58] 谷正紀ほか：環境対応4WS制御，日本機械学会第1回交通・物流部門大会講演論文集，No. 920-98, p. 186-190（1992. 11. 24-27, 川崎）
[59] 山本真規ほか：後輪のアクティブ操舵による操舵応答性・外乱安定性の向上，自動車技術会論文集，No. 46, p. 56-61（1990）
[60] 井上秀明ほか：車両状態フィードバック制御を用いた，四輪操舵における車両運動性能向上の研究，日産技報論文集，p. 13-19（1993）
[61] 山本忠信ほか：ユーノス800のシャシー開発，マツダ技報，No. 12, p. 18-25（1994）
[62] 安部正人：自動車の運転制御，日本機械学会第2回交通・物流部門大会講演論文集，No. 930-81, p. 12-18（1993. 12. 6-9, 川崎）
[63] 山本真規ほか：ロール剛性配分制御・駆動制動力配分制御の操安性への影響，自動車技術会学術講演会前刷集 911, p. 247-250（1991. 5）
[64] 堤康裕ほか：車両総合制御による運動性能の向上，自動車技術，Vol. 46, No. 12, p. 40-46（1992）
[65] T. Hamada et al.：The Development of a New Material for Studless Snow Tires, Pap Meet Rubber Div Am Chem Soc（USA），143rd [21]（1993）

第4章 安全技术的現状

- [66] 福岡紀幸：スタッドレスタイヤの最新技術，自動車技術，Vol. 46, No. 12, p. 59-65（1992）
- [67] 石川泰弘：スタッドレスタイヤ，高分子，Vol. 41, No. 12, p. 832（1992）
- [68] 坂本孝雄ほか：スタッドレスタイヤの開発，日本ゴム協会誌，Vol. 65, No. 12, p. 713-720（1992）
- [69] 島本勇二：ニュータイヤ＆テクノロジー「ESPIA MV」，月刊タイヤ，10月号，p. 74-81（1994）
- [70] 岸宗弘：ニュータイヤ＆テクノロジー「ウルトラグリップ I. C. E.」，月刊タイヤ，11月号，p. 46-52（1994）
- [71] 平田靖ほか：スタッドレスタイヤ用新材料，材料科学，Vol. 28, No. 4, p. 216-222（1991）
- [72] 清水倫生：ニュータイヤ＆テクノロジー「GUARDEX K2」，月刊タイヤ，9月号，p. 58-64（1993）
- [73] 国民生活センター：スタッドレスタイヤの比較テスト結果，（1992. 11）
- [74] 特集ハイパフォーマンスタイヤ「CONTINENTAL AQUA CONTACT CZ 99」，モーターファン7月号，p. 244-245（1992）
- [75] 森下久弥：ニュータイヤ＆テクノロジー「A.V.S. EXCELEAD」，月刊タイヤ，7月号，p. 58-65（1994）
- [76] 岸宗弘：ニュータイヤ＆テクノロジー「AQUATREAD」，月刊タイヤ，1月号，p. 58-65（1994）
- [77] 白井顕一：ニュータイヤ＆テクノロジー「ADVAN NEOVA」，月刊タイヤ，3月号，p. 56-64（1995）
- [78] インタビュー「AVSエクセリード」，月刊タイヤ，7月号，p. 52-57（1994）
- [79] 自動車技術会編：自動車工学便覧，自動車技術会，p. 6-17～18（1974）
- [80] 佐藤武ほか：自動車工学全集16「自動車の安全」，山海堂，p. 124（1980）
- [81] 「ブリジストン，ランフラットタイヤ内圧警報装置を開発」，月刊タイヤ，12月号，p. 29-35（1991）
- [82] MF技術トピックス「パンクしても走れるランフラットタイヤの実力」，モーターファン1月号，p. 102-105（1993. 1）
- [83] 井口雅一：自動車の最新技術辞典，朝倉書店
- [84] JASO規格 B802-88 乗用車の車体用語
- [85] 生存の科学，Motor fan（1992. 5）
- [86] L. Grosch et al.：Safety Performance of Passenger Cars Designed to Accommodate Frontal Impacts with Partial Barrier Overlap, SAE Paper 890748
- [87] 安全への取り組み，日産自動車（株）
- [88] Beitrage der Fahrzeugtechnik ATZ（1994. 5）
- [89] （社）軽金属協会：機動性に対する新しい企て－アウディの革命的自動車技術－
- [90] 自動車と安全，トヨタ交通環境委員会
- [91] Mercedes Benz. SL 500 カタログ・広報資料
- [92] （社）自動車技術会：自動車技術ハンドブック
- [93] 佐藤武ほか：シートベルトの知識－その性能と効果－
- [94] Dr. Luigi Brambilla：Safety Component for Highest demands of Comfort・2nd International Akzo Symposium on Occupant Restraint Systems
- [95] Das BMW Sitzkonzept mit sitzintegriertem Gurtsystem SGS forden BMW 850 ATZ（1991. 3）
- [96] ホンダと安全，本田技研工業（株）
- [97] 中里渉：エアバッグシステムの開発，スバル技報，第19号
- [98] Hiroaki Shinto et al.：Development of the All-Mechanical Air Bag System, SAE Paper 910149
- [99] 竹内務ほか：機械着火超小型センサによるD席エアバッグ，自動車技術会学術講演会前刷集 945（1994. 10）
- [100] 日産プレジデント，新型車解説書・カタログ
- [101] SIPSバッグシステム，自動車工学（1995. 4）
- [102] Stig Pilhall et al.：SIPSBAG －A New, Seat－ Mounted Side Impact Airbag System, 14th ESV Paper, 94-S6-O-13
- [103] Yngve Haland et al.：Senser for a Side Airbag; Evaluation by a New Subsystem Test Method, 14th ESV Paper 94-S6-W-26
- [104] 浜田基彦：多様化するエアバッグ，センサ中心に新方式が登場，日経メカニカル（1991. 9. 2）
- [105] Mark Wehner：Airbag Hybrid Inflator Technology and Multi-level Inflators 3rd International Akzo Novel Symposium on Automotive Occupant Restraint Systems
- [106] SRSエアバッグ点検のポイント2，自動車工学（1993. 11）
- [107] 浅野勝吾ほか：自動車用小型加速度センサと加速度評価システムの開発，自動車技術会論文集 9304482
- [108] 小林昭男ほか：SRSエアバッグシステムの動向，自動車技術，Vol. 48, No. 8（1994）
- [109] 笹山隆生ほか：マイクロマシニング技術の自動車応用，自動車技術，Vol. 49, No. 1（1995）
- [110] 表面マイクロマシニング技術で自動車エアバッグ用加速度センサICを量産へ，日経エレクトロニクス，No. 540（1991. 11. 11）
- [111] W. James et al.：Advanced Silicon Microstructures, Presented at ASICT Conference on 11 April 1989 Toyohashi Japan
- [112] エアバッグ用加速度センサ，電装技術会会報，Vol. 38, No. 3
- [113] '91軽自動車のすべて，Motor fan 別冊
- [114] B. Lundell et al.：Rear Seat Safty of Estate Cars － New Concepts, 14th ESV, 94-S10-O-11
- [115] FTSSカタログ SID, BIOSID, HYBRID III
- [116] 警察庁監修：交通事故統計年表 平成4年版，（財）全日本交通安全協会
- [117] G. Sturtz：Experimental Simulation of the Pedestrian Impact Daimlar Benz AG, SAE Paper 856120
- [118] P. W. Bothwell：Motor Cycle Crash Tests The Jim Ciark Foundation/Research Report（1974）
- [119] H. Van Driessche：Development of an ISO Standard for Motor-cycle Research Impact Test Procedures, 14th ESV, 94-S7-O-05
- [120] ISO/DIS 13232 Motorcycles － Test and analysis procedures for research evaluation of rider crash protective devices fitted to motorcycles（1994）
- [121] 三菱ディアマンテ，新型車解説書

第5章 安全技术的未来发展

5.1 汽车安全技术研究动向

5.1.1 事故预防技术（认知、判断、操作）

a. 前言

汽车的安全技术是整个社会文明进步的必要条件，今后其重要性也将不断上升。本节将针对驾驶人感知、判断、操作等相关的主动安全技术最新研究动向及未来展望进行介绍。

感知、判断、操作是驾驶人在驾驶车辆时最基本的行为，对其相关的研究也一直没有中断过，也影响着车辆各个方面的改进。而且最近对人机界面（以下简称HMI）的研究与安全装备控制应用技术的研究不断增加，预计这也是今后汽车发展的主流方向。

HMI最初是基于减轻驾驶人负担的观点开始研究的，现在又增加了关于检测人为错误的研究。另外，针对视野及操作性等基本问题，出于更进一步理解人类（驾驶人）的认知，对人类的研究范围也越来越广。例如针对现在的老龄化社会问题，最近针对老年人的视觉等相关的基础特性研究越来越盛行。

另一方面，随着电子技术的不断发展，给包含主动安全在内的汽车各种性能及装备也带来了很多的便利，特别是控制技术对驾驶人的驾驶行为起到了重要的辅助作用，因此受到广泛关注。目前的安全控制系统仍然是以在有限的范围及条件下运行为主，今后随着HMI的进一步研究以及传感器技术等相关技术的不断开发进步，将会诞生出更加智能的汽车。

b. 视野和视觉认知性的提升

直接视野方面主要关注点集中在前照灯的HID（High Intensity Discharged）光源上。HID光源内密封惰性气体，与传统的灯丝光源比较，其特点是亮度更高、更省电。另外，根据具体的行驶状态及交通环境改变配光模式的配光控制系统以及利用紫外线及红外线的夜视系统也在研究中。另外，针对老年人视觉特性的视觉模拟方法及驾驶人视线移动测量系统等的开发也不断有新消息公布。

间接视野方面，主要有针对后视镜反射率与距离确认之间的关系的研究，以及利用CCD照相机等可视系统的研发，可以在车内通过监控画面了解无法直接观察的地方，并且已经有部分实现产品化。

对于仪表类的视觉认知性方面，EL（Electro－Luminescence）显示器的全彩色化正在研究当中。EL显示器不需要背光，没有视野的角度依存，是较理想的实用化对象。另外，将摄像机画面及其他信息显示在彩色屏幕上，被称为高级仪表板的显示系统概念模型也已经公开发布。

c. 提供信息（辅助判断）

为驾驶人提供驾驶信息的车载导航系统（NAVI）的研发技术已经很成熟，形式也多种多样，最近关于声音路径导航及多媒体相关的研究受到普遍的关注。日本的NAVI技术具有世界先进水平，针对欧美的道路及国民情况等开发了简易型的NAVI。

今后，多媒体等信息多样化处理装置将越来越普及，为驾驶人提供信息的同时，如何消除导航系统对驾驶行为的干扰？对此要从人机工程学及心理学等方面加强对信息提供方式开展进一步研究。

关于汽车自身状态的信息提供系统除了已经研发成功的胎压监测警告装置外还没有新领域新产品公开发布。

d. 操作性能的提升

有关操作性的技术方面，目前比较受关注的有自动档车辆新的软件模式开发、开关操作感觉研究、驾驶位置改进研究等。另外，驾驶人通过声音控制操作装置的声音识别技术也越来越受到关注。

另一方面，关于驾驶人负担及驾驶疲劳的研究也在不断发展，从眨眼、心跳等生理性指标到肾上腺素等体内物质，研究对象范围越来越广。可以预见今后与医学及生理学相结合的研究内容将越来越重要。

e. 注意提醒（控制人为错误）

有的观点认为交通事故超九成以上都是人为因素（驾驶人）导致的，针对驾驶人的错误，车辆及道路环境方面能够做出何种对应，这是主动安全研究永远存在的课题。为此，研究领域针对错误认知、疲劳驾驶、能力低下等，对驾驶人（含高龄驾驶人）的知觉、认知、动作的基本特性等进行了各种调查。

针对疲劳驾驶检测等采用了转向角特性、心跳、皮肤电位、脑电波、眨眼等各种方法开展研究，同时对提醒方法也进行了研讨。不过疲劳从医学角度也是很难进行严格定义的，漏检及误检等不可避免，只能期望开发出在有限的条件下进行检测的系统。

另外，针对警醒度原因推测，有关研究机构采用了神经网络模型进行研究，有的研究还尝试利用转向角频率分析结果对驾驶人的行为本质进行解释。

针对避免人为错误的研究今后将会越来越多，相关的研究成果将逐步应用到疲劳驾驶警告、追尾警告及车道变更警告等提醒驾驶人注意的系统上面。

f. 辅助操作

驾驶人操作不当会导致车辆失控，这也是酿成事故的主要原因之一。避免类似事故主要依靠驾驶人的经验积累和技术水平的提高，不过辅助驾驶人操作的安全控制系统也在不断开发当中。ABS（Antilock Brake System）及TRC（Traction Control）是通过车辆自身系统的完善来替代驾驶人操作的系统。期待在这一领域会有更多的先进系统开发成功并发挥其作用。

g. 自动驾驶

当车辆对驾驶人发出错误警报后，驾驶人并没有采取适当的操作时，或者不及等待驾驶人采取措施的时候，车辆系统自动进行操作是避免或减轻事故的最终且有效的方法。系统能够进行紧急情况判断是说在正常行驶的时候也可以实现安全行驶（包含自动驾驶），现在相关的研究项目也越来越多。

基于上述技术，自动追随行驶、车道自动保持行驶以及紧急自动制动系统等技术将越来越成熟。不过自动驾驶要替代驾驶人应采取的复杂的认知、判断行为，对于传感器的检测能力、信息处理速度、判断的可靠性、安全保护等方面都存在很多课题，要全部解决这些问题还需要很长的时间。

h. 结束语

以上所阐述的内容均是以车辆为中心对事故预防技术的未来展望，安全需要人、车、环境共同来实现，因此要进行相互协调，将困难的课题简单化。国内外针对基于道路基础设施的导向系统及车路间照明系统等很多全新的理念及想法都在开展积极的讨论和研究。另外，驾驶人对安全装置的正确理解也是非常关键的。

在主动安全的世界，即便是车辆及道路环境都采取了相应的安全对策，人类依然被事故所吞噬，或者安全性完全没有提高的情况也是有的，这就是所谓的风险平衡理论

（Risk Homeostasis Theory）。另外，当不断减轻驾驶人的负担后，很有可能当发生意外时驾驶人的反应变得迟钝，驾驶人的驾驶欲望也可能越来越低。

综上所述，在研究主动安全时，除了车辆自身因素以外，社会舆论所提出的要求也多种多样。在构建更安全的汽车社会的目标中，汽车是无法"独善其身"的，需要基于科学的交通事故分析，逐渐地推动安全汽车社会的发展。

[久米启文]

5.1.2 事故回避技术（前进、转弯、停止）

a. 事故回避性能动向概要

近来人们的安全意识越来越高，对事故回避性能的要求也将越来越高。随着底盘系统基本性能的提高和底盘/驱动系统控制技术的不断发展，包含事故回避性能在内的车辆运动性能也在快速发展。而从"人－车系统"整体来看，未必是良好的态势。虽然理论复杂，但究其原因主要就是由于驾驶人存在于其中的缘故，换句话说，如果不对驾驶人行为进行分析，提高事故回避性能就是句空话。

另一方面，一提到事故回避性能，想到的更多是如何提高极限状态下的性能，而从事故预防的观点考虑，提高正常行驶时的安全感更加重要。

在ASV（Advanced Safety Vehicle）、ITS - AMERICA（Intelligent Transportations System）、PROMETHEUS（PROgraMme for a European Traffic with Highest Efficiency and Unprecedented Safety）等比较盛行的技术开发中，有一项利用照相机识别前方情况并进行信息处理的技术，该技术在2000年以后被实际应用在汽车上。利用前方信息的控制系统对于提高事故回避性能效果显著，预计今后发展空间巨大。

事故回避性能是车辆基本运动性能与其辅助系统性能相辅相成的结果。基本运动性能的辅助系统有ABS（Antilock Brake System）、牵引力控制系统、4WS（4Wheel Steering）、主动悬架系统等，这里将重点放在直接回避事故效果明显的控制力控制系统和驱动力控制系统上，对基本运动性能的辅助系统进行简单的介绍。

b. 正常行驶时的安全感

事故预防的着眼点主要在于减轻正常行驶时驾驶人的压力、与车辆形成一个整体以及车辆的操作方便性等方面。下面参考驾驶人4WS效果分析实例及最近发布的人与车辆系统中关系最密切的转向特性分析实例对今后的动向进行介绍。

在人－车系统中，能够给予驾驶人安全感或者说关系最密切的就是车辆的转向特性。如图5-1所示，使用转向力矩、横摆角速度、侧向加速度可独立调整的试验车辆，利用横摆角速度时间常数及侧向加速度时间常数的关系对能够给予驾驶人安全感的车辆特性进行了调查。两者的关系位于椭圆形区域内则表示驾驶人有安全感，偏离该椭圆区域则会感觉到不安或不舒服。

另外，利用时间常数对驾驶人感知的转向力矩进行了整理，其结果如图5-2所示。对于驾驶人来说，存在一个最佳的转向力矩时间常数，当大于这一最佳值时车辆动作变

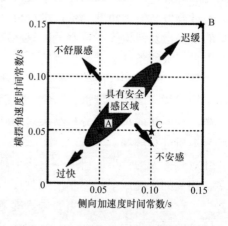

图5-1 给予驾驶人安全感的车辆特性

得迟缓，操纵转向盘感觉沉重，当小于该值时，驾驶人会产生不稳定感。

使用驾驶人不稳定感指标——转向速度均方根值（RMS 值），以 100km/h 的速度在图 5-3 所示的道路上进行车道变更行驶，对图 5-1 所示的 A、B、C 3 种不同车辆特性进行了调查。用白线在路面上画出车辆车道变更线路，驾驶人驾驶车辆使车辆前端的标记通过白线。试验调查结果如图 5-4 所示，最佳转向力矩时间常数随车辆特性变化，横摆角速度时间常数 - 侧向加速度时间常数与最佳转向力矩时间常数密切相关。

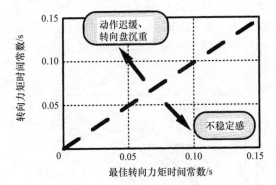

图 5-2 转向力矩和感觉

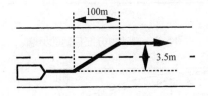

图 5-3 路线设置

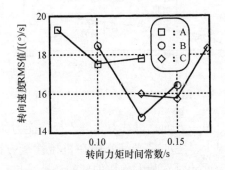

图 5-4 转向力矩与感觉

以往对于传统 4WS 效果都是从物理学角度进行评价的，如"行驶过程中手感加重""横摆角速度及侧向加速度相位延迟变小"等，这是因为相关的物理性变化对驾驶人的影响很难进行定量的描述，因此，大部分要依靠主观评价。该系统针对给驾驶人带来的效果进行了评价，着眼于驾驶人的压力状态，并公开了 4WS 的评价效果。

另外，也有用驾驶人呼吸性变化（RRV）来评价普通前轮转向车辆（以下简称 2WS）和主动 4WS（以下简称 A - 4WS）进行比较。图 5-5 所示是驾驶人在试验跑道上行驶时的紧张程度，驾驶开始 10min 后的状态与驾驶开始之前相比较，2WS 的 RRV 值变化了 31%，A - 4WS 变化了 13%，可以看出与 2WS 比较，A - 4WS 驾驶人的紧张程度降低了一半以上，驾驶开始 30min 以后与驾驶开始之前状态几乎相同。

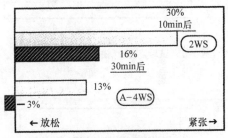

图 5-5 试验跑道行驶时驾驶人紧张
程度之差（140km/h）

另一方面，这里所说的 RRV 以及心跳数大多因人而异，因此按照图 5-6 所示，为 4 个驾驶人分配比较复杂的任务，对其心跳数变化进行了调查。驾驶人 A 和驾驶人 C 为新手驾驶人，驾驶人 B 和驾驶人 D 为熟练驾驶人，驾驶人 A 的心跳较快，与其说是因为 A 是新手，不如说是因为个人差异更准确些。为降低不同驾驶人的个体差异，更好地发挥系统的效果，对 2WS 与 A - 4WS 的心跳数进行了比较，结果如图 5-7

所示。

从结果可以看出，驾驶人之间虽然存在若干差异，但是对同一个驾驶人，可以对系统对于驾驶人的影响进行定性评价。而且，此次评价提出的任务相对较复杂，如果执行的任务较为简单，则驾驶人的个体差异应该会更小。

综上所述，以人与车辆整个系统的运动性能为对象，对驾驶人在正常行驶时的安全感进行了调查。不过该安全感如果一直维持到车辆的极限状态，从预防事故的观点来看并不是件好事。

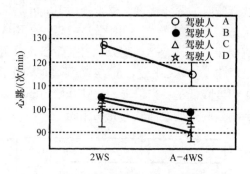

图5-6　试验跑道行驶时驾驶人的差异
（来自日本电装公司的数据）

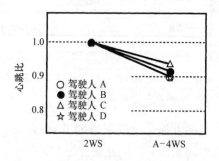

图5-7　试验跑道行驶时驾驶人的心跳比
（来自日本电装公司的数据）

c. 事故回避性能（制动性能）

碰撞前的回避性能主要由车辆基本运动性能与ABS和牵引力控制为中心的控制系统的性能及驾驶人的操作能力决定。以往业界也一直在致力于车辆基本运动性能与ABS和牵引力控制系统的开发。

最近，ABS技术及抱死前的后轮控制技术越来越成熟，牵引力控制技术主要为防止车轮打滑，发动机功率控制与制动控制系统、四轮驱动力分配控制等驱动力控制系统的开发在该技术领域也趋于完备。还需进一步挖掘的是抱死前的制动力控制。

图5-8所示是制动力分配控制的概念之一。以往车辆的制动力均在设定好的制动力分配曲线上移动，产生的制动力相对较低。因此，取消了调压阀，利用后轮产生更大的制动力，后轮制动力与理想分配曲线之差变大时，后轮启用液压控制，防止后轮侧滑率增大，该过程反复多次达到后轮抱死极限时即进入ABS工作区域，这就是所说的制动力分配控制。车速与制动液压情况如图5-9所示。

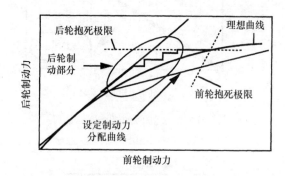

图5-8　制动力分配控制的概念

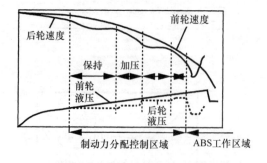

图5-9　转弯制动时的控制情况

另一方面，以往对驾驶人操作能力的研究很少，主要目光都集中在机械性能方面。而最近针对驾驶人操作的新的调查结果已经在社会上公开发布，表示驾驶人的转向能力和制动能力仍存在一定的不足。

为此，对驾驶人在紧急情况时回避障碍物的制动能力进行了调查，调查结果如下。图5-10所示为车辆在起动压敏开关开始回避车辆前方25m处突然飞出的障碍物的试验。试验对30名驾驶人进行了调查，调查结果参见图5-11及表5-1。制动模式分为5种：完全踩踏制动踏板的有4人；虽然达到了最大减速度，但是制动早期减速度上升较慢的有16人；制动力小、制动减速度不足的有7人；制动早期减速度足够，但是中途抬起制动踏板的有1人；相对于飞出的障碍物反应迟缓、制动操作滞后的有2人。

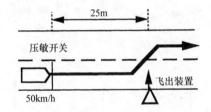

图5-10 障碍物回避试验路线

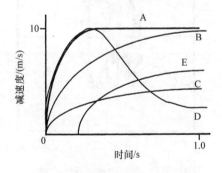

图5-11 紧急情况下的制动操作

表5-1 制动操作分类及相应人数

形式	情况	人数
A	充分踩踏制动踏板	4
B	减速度上升较慢	16
C	踩踏力小，减速度不足	7
D	中途松开踏板	1
E	反应迟缓，踩踏滞后	2

遇到上述紧急情况时，未充分采取制动措施的人占所有被调查对象的87%。另外，德国也进行了相同的调查，而公开资料显示未充分采取制动措施的人数占到了90%。

从上述结果可以看出，一般驾驶人在进行制动操作时都有一定的保留，因此，在被判断为紧急情况时，通过启动辅助系统辅助制动力来回避事故对于一般驾驶人来说是很有效的。

虽然具备事故回避性能的制动控制系统的技术已经非常成熟，但对制动力进行辅助的新系统是一个新领域，将成为今后的重点研发方向之一。

d. 极限转弯稳定化系统

在车辆运动性能中，如果将能够直接且有效回避事故的控制系统放在平面上来考虑，则加速方向为牵引力控制系统，减速方向为ABS，而左右方向没有相应的控制系统，为此，针对该领域，开发了基于转弯惯性力控制（利用左右制动力差）的极限转弯稳定化系统，使车辆前后左右全方位范围的事故回避性能得到了提升。

车辆基本参数及轮胎特性决定了车辆具有物理性极限边界。处于极限状态时，驾驶人的操作对车辆的稳定与否起着至关重要的作用，很多新手驾驶人会由于不当操作而使车辆陷入侧滑状态等。图5-12所示为蛇形行驶时熟练驾驶人与新手驾驶人的行驶轨迹及车辆状态。新手驾驶人转向操作时间滞后，横向摆动较大，最终导致车辆甩尾。

图5-12 极限蛇形行驶时的车辆动态比较

图5-13所示为用车身偏离角β（车辆轮胎方向与行进方向形成的角度）与车身偏离角速度$\dot{\beta}$平面表示的车辆状态。车辆直

行转向蛇行后，车辆状态从图中原点开始沿 a 箭头方向变化。熟练的驾驶人在 c 点附近能够迅速准确地切换方向，轨迹围绕原点旋转；而新手驾驶人在 b 点附近操作转向，动作迟缓，导致车辆失去控制，车身偏离角越来越大。

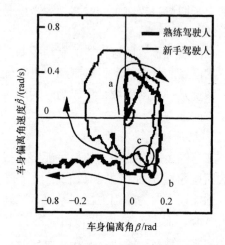

图 5-13 极限蛇形行驶时的车辆动态比较

如图 5-14 所示，极限转弯稳定化系统在车身偏离角－车身偏离角速度平面内，车辆运动状态越过控制开始曲线达到控制区域时，使外前轮产生制动力，能够防止车身偏离角增大，避免车辆甩尾。

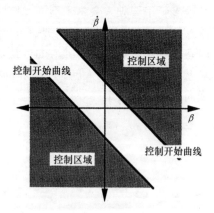

图 5-14 控制区域

以前用横摆角速度也可以评价车辆是否甩尾，但是无法判断车辆是否在目标路线上行驶。该系统利用横摆角速度、车身偏离角以及车身偏离角速度，在轮胎的摩擦圆中描出目标线，且能够让车辆稳定行驶。换句话说，可以防止车辆在路上打横或者偏离车道。在图 5-12 所示同样的蛇形行驶中，新手驾驶人行驶时的系统效果如图 5-15 和图 5-16 所示。即便是新手驾驶人，该系统也能够使车辆趋于稳定化。另外，该系统不仅在蛇形行驶的时候效果明显，在加减速转弯、转弯过程中路面摩擦系数发生变化等情况下均能发挥积极的作用。

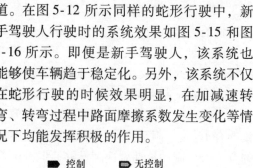

图 5-15 极限转弯稳定化系统效果

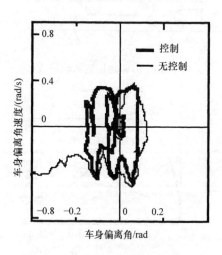

图 5-16 极限转弯稳定化系统效果

下面再来讨论在一般道路的弯路上发生的交通事故。按田久保等人的调查，弯路事故可以划分为图 5-17 所示的 5 个模式。其中内侧转向和外侧转向是指由于转向操作车辆向内侧或外侧移动。对日本平林荫路（静冈市）和日本国道一号线（静冈县三岛市）的 50 起弯路事故进行调查的结果显示，其中 25 起为车辆打滑，甩尾及反向甩尾为 17 起。

第5章　安全技术的未来发展

图 5-17　转弯事故模式

对陷入异常状态后驾驶人的回避操作行为进行了调查。侧滑形态下，采取制动操作的有 11 例，同时向内侧转向的有 9 例。陷入甩尾状态下，采取制动操作的仅有 1 例，采取转向操作的有 13 例之多。另外，在最终车辆脱离目标路线情况中，侧滑时向外侧偏离的有 21 例，向内侧偏离的有 5 例；甩尾时向外侧偏离的有 10 例，向内侧偏离的有 7 例。

通过以上调查结果对甩尾形态进行总结，在弯路事故中甩尾事故约占 34%，而陷入甩尾状态后超过 90% 的驾驶人会通过操作转向盘来回避事故。图 5-12 所示的新手驾驶人车辆轨迹可以与上述交通事故中的甩尾形态等同视之，而极限转弯稳定化系统对此类的交通事故能够起到积极的作用。另外，该系统利用制动力发挥作用，不仅能够防止车辆侧滑，而且能够提高制动效果，降低碰撞速度，从预防事故的角度来看，能起到事半功倍的效果。

对于辅助事故回避性能的控制技术，上述从人 - 车系统整体来考虑制动辅助系统等理念是未来发展的方向。而减少交通事故不能只依靠单一的控制，需要多种控制技术综合起来发挥作用，即类似极限转弯稳定化系统这种全方位综合的运动控制系统是今后发展的重点。

e. 自动事故的回避

以往谈到提高事故回避性能都会从提高车辆基本运动性能和提高车辆运动控制技术的方向考虑，而照相机及雷达等利用传感器的控制技术只是未来待开发的领域。而利用照相机和雷达技术的自动巡航系统产品化后，这一先进技术的开发步伐比预想的要快得多。

传感器大致分为测量前方距离用传感器和画面识别用传感器。一般通过电波或雷达测量距离，利用 CCD 照相机识别并处理画面。不过受检测角度以及天气的影响，存在误检测的可能性。这些技术已经在其他领域或者客车及载货汽车上实现了产品化，由于包含传感器在内的整个系统成本较高，尚未在乘用车上实现普及。开发低成本传感器是一个重要课题。传统的控制技术仅仅利用车辆状态检测传感器，虽然能够对车辆姿态进行控制，但是不能根据不同路况使车辆处于最佳的状态。因此，利用 CCD 照相机识别道路外侧的白线，与车辆运动控制系统进行整合，防止车辆脱离车道的技术是目前大家普遍关注的技术开发方向。

图 5-18 所示的系统能够提醒车辆沿车道外侧的白线保持直线行驶，正常行驶时能够预防事故的发生。CCD 照相机收集前方的路况，检测路面白线，识别道路的形状。通过车辆的运动状态和系统识别的道路情况对车辆的后轮或者前轮转向角度进行控制，使车辆沿着目标方向行驶。该系统可以独立于驾驶人的意识进行独立控制，不过为了避免控制系统与驾驶人意识的矛盾，驾驶人操作要优先于系统控制。

通过驾驶模拟器对该系统的效果进行了试验调查。如图 5-19 所示，驾驶人在车道内进行有意识的操作，系统能够尊重驾驶人的意愿，并且制动效果明显。

115

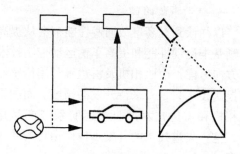

图 5-18　车道保持系统

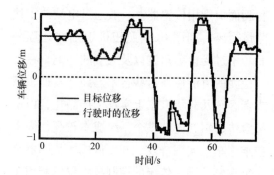

图 5-19　系统的制动效果

f. 今后的动向

事故回避性能一般由车辆基本运动性能、运动控制系统性能以及驾驶人的操作能力决定。其中针对驾驶人操作能力的调查及开发并不充分，重点研究集中在基于驾驶人特性的车辆基本性能提升上，对于基于驾驶人特性的控制系统的开发也越来越受到重视。

以往的控制系统都是按照功能分别进行开发的，这是因为按照 ABS 制动控制及牵引力驱动控制分别开发的效率更高，但是从减少交通事故的观点来看，对上述系统进行整合的车辆运动控制系统对于车辆的整体把握更加科学，也是今后支撑事故回避性能的控制系统最主流的发展方向。

基于外部交通环境的车辆控制技术在事故预防方面效果明显，不远的将来能够有效提高事故回避性能的系统也一定会在车辆上得到应用及推广。

[中山知视]

5.1.3　减轻碰撞伤害技术

a. 前言

本节将针对最近公开发表的论文及研究资料中有关碰撞时减轻伤害的技术研究动态进行介绍。介绍内容以碰撞时保护乘员的伤害减轻技术，即确保碰撞时的生存空间、提高吸能效率、减缓对乘员冲击的车身结构等相关技术以及减轻乘员在车内碰撞的乘员约束装置为主。另外，对行人保护相关的研究动态、碰撞时进行乘员保护评价的假人（测量用人体模型装置）相关的研究动态进行介绍。

b. 车身结构

乘用车的碰撞安全结构方面，为确保生存空间，一般会对驾驶室进行加固强化，车身前后部分在碰撞时会发生变形，用于吸收碰撞能量，这就是所谓的碰撞缓冲结构，图 5-20 所示为该碰撞缓冲结构的实例。

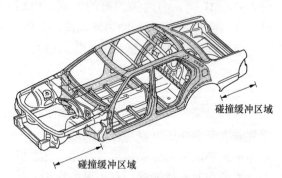

图 5-20　碰撞缓冲结构的实例

最近，偏置正面碰撞事故受到广泛的关注，针对车身侧面容易变形的偏置碰撞，I. Planath 等人对车身结构进行了介绍，为了使非碰撞一侧吸收碰撞能量，采取了左右侧纵梁与横梁相结合的结构，图 5-21 所示为该结构的照片展示。

另外，为了提高车身骨架部分的吸能效率，W. J. Witteman 等人对骨架结构的断面形状进行了改良，利用有限元模型调整断面形状和载荷方向，对能量吸收量进行了比较。图 5-22 所示为模型载荷承受情况。

图 5-21　车身骨架结构

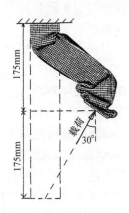

图 5-22　载荷情况

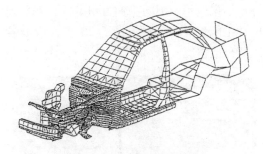

图 5-23　车身变形分析模型

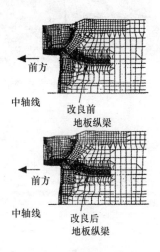

图 5-24　车身变形分析模型

在车身结构开发阶段，如果利用试制车辆进行试验要耗费大量的时间和金钱，因此不仅仅零部件或单元，整个车身也经常采用有限元法进行碰撞分析。

A. Toyama 等人利用有限元法对正面碰撞时的车身变形模态进行了计算，计算结果与实验数据基本一致。为缩短计算时间，将车身左半部分分割成了约 5700 个小模块，其中发动机舱分割得较细，驾驶室及后部分割较粗略。图 5-23 所示为该车身变形分析模型。

为了增加正面碰撞时驾驶室的抗压强度，T. Sakurai 等人利用有限元法对地板纵梁布置、断面大小及板厚等进行了优化。图 5-24 所示为普通及改良后的车身变形分析模型。

建立这些有限元分析模型是需要大量的时间的，如何缩短建模时间是今后重点解决的课题。

侧面碰撞方面，利用侧面结构分担碰撞载荷的同时，对 B 立柱及车门的侵入速度进行了平衡。

以上是针对发生碰撞事故时对己方车辆安全性的研究，同时对碰撞对方车辆的伤害性也在进行相关的研究，并不断摸索相关的评价指标。

J. A. Bloch 等人对车辆碰撞后的移动可变形障碍壁（deformable barrier）的变形情况非常重视。图 5-25 所示为移动可变形障碍壁的变形情况。

G. Vallet 等人在刚性障碍壁（rigid barrier）上固定了 6 个载荷测量仪，碰撞试验后对 6 个载荷测量仪的冲击能量进行了计算，结果显示，不同位置的测量仪，其受到的冲击能量有所不同。图 5-26 所示为能量载荷分散情况。

图 5-25　移动可变形障碍壁的变形情况

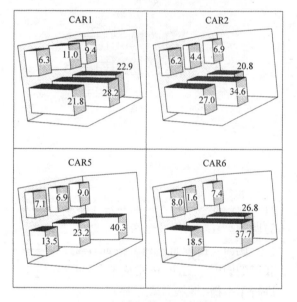

图 5-26　能量载荷分散情况

c. 乘员约束装置

汽车发生碰撞事故时，车辆本身会在很短的时间内停下来，但是如果车内乘员没有使用安全约束装置，则受惯性的影响，很可能会在驾驶室内发生碰撞或冲出车外。安全带及安全气囊能够有效减轻上述伤害的发生。针对婴幼儿及儿童等的约束装置也具有相同的作用。而在相关的约束装置研究开发活动中，安全气囊是研发速度最快也是最成熟的。

目前，关于安全气囊的主要研究课题集中在安全气囊对非正规乘坐的乘员的影响，例如前排乘员位置的乘员不使用安全带，发生碰撞时乘员由于没有安全带的约束，则会向前方仪表板移动，而此时如果气囊正好展开，会对乘员造成伤害。

为了评价安全气囊给非正规乘坐车辆乘员带来的影响，K. Hayano 等人在 212 例非正常乘坐车辆事件中选出 30 例，利用 HY-BRID Ⅲ 假人（AM50）及 3 岁儿童假人进行了试验，并针对其中 8 例非正常乘坐车辆事件制作了试验报告。

另外，针对非正常乘坐车辆的现象，也尝试对安全气囊系统进行了改良，E. Gillis 等人提出了在气囊展开判断回路中组合乘员位置检测系统（IPSS）的概念，可以连续地检测乘员的位置，进而控制气囊的展开形状。图 5-27 所示为该系统的概念图。另外，B. W. Smith 等人还开发了新的系统，能够检测车辆碰撞严重程度以及是否使用安全带等状态，以此来控制可变气体发生器。通过对 5 种状态下乘员伤害值的对比，发现伤害值均低于普通安全气囊系统。同时，如何提高可变气体发生器的可变能力、传感器检测能力、气囊展开判断精度等是今后重点要研究的课题和方向。图 5-28 所示为该系统的概念图。

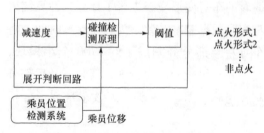

图 5-27　系统概念图

安全气囊构成零部件的研发主要集中在气囊模块的小型化、气体环保要求、气囊的薄壁化等。

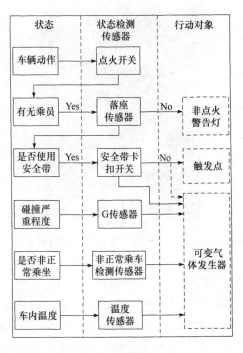

图 5-28　系统概念图

最近利用计算机模拟技术进行安全气囊的研究开发活动也受到了各研发机构及厂家的关注。U. Schulte 等人提出了安全气囊的低压化法（气体产生量、排气孔尺寸），利用 MADYMO 模型对 3 种尺寸的假人进行了模拟碰撞，图 5-29 所示为低压化前后的头部伤害值比较。

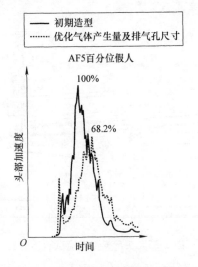

图 5-29　低压化前后的头部伤害值比较

为了能够更加准确地模拟气囊展开的过程，H. A. Lupker 等人对模拟模型进行了改进，模拟参数中增加了前排乘员安全气囊气体发生器喷射气体的影响度，对计算结果与试验结果进行对比发现，考虑前排乘员气体喷射的模型更加接近试验结果。图 5-30 所示为该验证试验的结果。

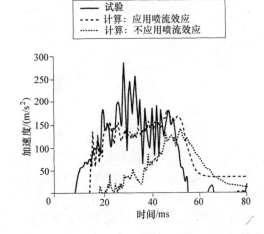

图 5-30　摆锤试验计算结果与试验结果的比较

另外，以往针对安全气囊的开发大部分是以车辆正面碰撞为前提展开的，现在对死伤人数仅次于正面碰撞的侧面碰撞用安全气囊的应用开发也越来越重视。除目前已经实际应用的胸部及腰部保护气囊外，在第 14 届 ESV 国际会议上，公开发布了新的头部保护用气囊，如图 5-31 所示，该气囊收纳在车门上边梁内。

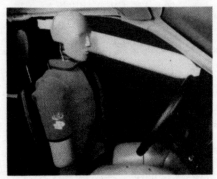

图 5-31　头部保护用气囊

针对儿童用约束装置的研究项目有

IOSFIX。ISOFIX 系统消除了传统的用安全带固定儿童座椅的复杂操作且提高了儿童座椅的稳定性，基于 ISO（International Organization Standardization：国际标准化组织）的要求，采用的是简单的插接式（plug-in）安装结构。图 5-32 所示为该插接系统示例图。

图 5-34 CANFIX 前向儿童用约束装置搭载情况

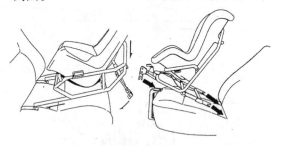

图 5-32 ISOFIX 插接系统实例

为了推进 ISO 的要求，英国 TRL（Transport Research Laboratory）提出了 UNFIX 系统，该系统在座椅前端以及座垫和靠背交叉处共设置了 4 个固定点，通过座椅一侧的拉杆和儿童座椅一侧的锁扣固定。图 5-33 所示为该系统的固定状态。

图 5-33 UNFIX 固定状态

另外，UNFIX 系统座椅及儿童座椅成本较高，相对价格较低的利用 UNFIX 后侧的 2 个固定点（座垫和靠背交叉点处）进行固定的 CANFIX 系统在加拿大运输部的支持下，已经完成开发工作并进行了预试验。图 5-34 所示为该儿童约束装置的搭载实例。

d. 行人碰撞安全

行人保护的基本理念是实现人车分流、持续推进人行道的完备、设置行人专用通道等，实现便于行人利用的交通环境。

针对行人保护的研究，美国 NHTSA（National Highway Traffic Safety Administration）、欧洲 EEVC（European Experimental Vehicle Committee）等正在开展关于行人头部伤害等评价方法的研究。

J. Kessler 等人（NHTSA）根据实际的行人事故中头部碰撞位置数据，确定对策范围，以 27mile/h⊖和 23mile/h 的车速模拟头部碰撞，利用碰撞时头部模型产生的加速度计算出 HIC（Head Injury Criterion：头部伤害标准）值并进行评价。图 5-35 所示为该试验装置示意图。

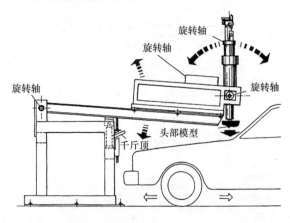

图 5-35 头部模型碰撞试验装置

⊖ 1mile/h = 1.6km/h。

J. Harris（EEVC）等人提出以保险杠、发动机罩前端、发动机罩中央部位为对象进行试验并提交了方案报告。方案中发动机罩中央部位与头部的碰撞试验采用球形碰撞器，在碰撞器上安装加速度计，通过测量值对碰撞程度进行判断。针对碰撞器的碰撞速度及伤害标准还需要进一步的研究和改进。此后，J. Harris（EEVC）等人利用球形碰撞器（成人用：直径165mm，重量4.8kg；儿童用：直径130mm，重量2.5kg）实施了发动机罩中央部位与头部的碰撞试验，碰撞速度为40km/h，最终提出HIC应低于100的伤害标准。图5-36所示为试验装置。

图5-36　头部碰撞器试验装置

e. 碰撞试验用假人

碰撞试验用假人的研究开发工作主要集中在现有假人的改进、新一代正面碰撞用假人的开发等，旨在提高结构及特性方面的人体忠实度、充实测量内容。

现有的正面碰撞用假人HYBRID Ⅲ在测量时，胸部加速度出现了与人体不符的异常峰值。K. Kumagai等人在HYBRID Ⅲ假人各部位安装了加速度计和载荷测量仪，并对测得的数据进行了分析，发现产生异常峰值的原因是大腿骨与骨盆互相干涉。Abramoski等人为了消除这一干涉现象，提出了模型的改进方案，缩小大腿骨部位的直径（图5-37中①），削除部分大腿骨（图5-37中④），减薄与骨盆相连的金属连接结构并更改固定螺栓头部形状（图5-37中②、③）。图5-37所示为该提案内容的示意图。

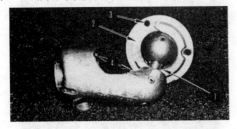

图5-37　大腿骨模型形状更改提案内容

NHTSA为了提高正面碰撞用假人的人体忠实度，着手开发新一代假人模型，M. Haffner等人对新一代假人的躯干、头部及下肢的开发情况进行了报告。为了更加准确地对安全带及安全气囊导致的胸部伤害进行评价，对躯干部进行了修改，使其更接近人体形状，采用了活动式锁骨结构。另外，在4个位置安装了三维胸部位移计用于测量胸廓的变形量。头颈部能够沿各方向弯曲，更加接近人体结构。下肢的小腿载荷和脚部角度及腿部加速度等均可以测量。该躯干模型称之为TAD50M（Trauma Assessment Device – 50th percentile Male），下肢模型称之为ALEX（Advanced Lower Extremities），头部模型正在开发中。

图5-38所示为TAD50M的外观图，图5-39所示为锁骨模型，图5-40所示为ALEX模型侧面图。

图5-38　TAD50M模型外观

图 5-39　TAD50M 锁骨模型

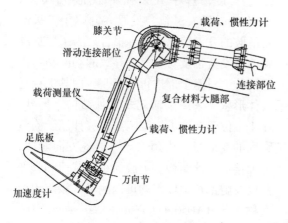

图 5-40　ALEX 模型侧面图

另外，H. Kato 等人对光学式胸部位移计在新一代假人上的应用进行了研究，通过匹配胸内照相机与位移测量点、调整照相机与后视镜的位置等，最终确认光学式胸部位移计可以应用在新一代假人上。图 5-41 所示为该光学式胸部位移计布置图（水平断面）。

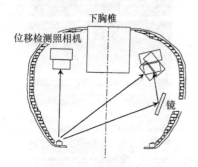

图 5-41　光学式胸部位移计布置图（水平断面）

针对侧面碰撞用假人 BIOSID、EUROSID1，S. Henson 等人进行了 FMVSS214 侧面碰撞试验，对假人与车门的响应性进行了调查，试验结果 2 种假人的响应情况各不相同，为此提出了开发全球统一假人模型的提案。

假人的模拟模型开发活动也越来越活跃。K. H. Yang 等人开发了 HYBRID Ⅲ 头部与颈部的复合体模拟模型，并将计算结果与试验数据进行了对比，颈部的弯曲及拉伸动作的一致性非常好。图 5-42 所示为该模型碰撞试验的模拟结果。

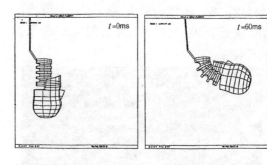

图 5-42　头部、颈部复合体碰撞试验模拟

另外 D. Maurer 等人还开发了 EUROSID1 模型，计算结果与试验结果存在若干差异，主要原因在于橡胶等的材料特性选择不是很恰当。图 5-43 所示为该 EUROSID1 模型。在把握材料特性的同时，期待能够开发出更完善的模拟软件进行分析。

图 5-43　EUROSID1 模拟模型

目前，直接模拟真人的人体模型研发工作也在进行。

G. Krabbel 等人开发了头部模拟模型，用于评价承受动态载荷时的容许极限。图 5-44 所示为头盖骨模型，今后将进一步完成人脑模型。G. R. Plank 等人开发了 50 百分位男性胸部模拟模型。使用该模型进行正面碰撞分析，对胸部与三点式安全带及安全气囊的相互作用进行了分析，发现在相同速度变化的情况下，使用安全带与使用安全气囊相比较，胸部变形及应力偏大。图 5-45 所示为该胸部模型。预计未来随着人体耐受性研究的不断发展，模拟分析将向直接模拟人体而非假人的方向发展。

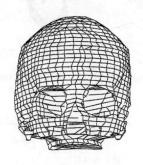

图 5-44 头盖骨模拟模型

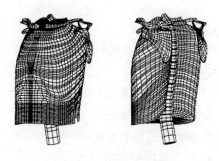

图 5-45 胸部模拟模型

[清水忠]

5.2 先进的安全技术

5.2.1 前言

制造安全的汽车是汽车厂家最根本的课题。在对与安全相关的人、车、道路环境等各自的职责进行把握的基础上，从主动安全和被动安全两方面着手，利用电子技术、计算机模拟技术、新材料等先进技术的研究开发，实现更先进的安全装备及安全系统的实用化。

日本汽车厂家在推进安全技术开发过程中，基于运输省发布的先进安全汽车（ASV：Advanced Safety Vehicle）计划，努力追求未来可实现的安全技术的研究开发。

ASV 是指在传统汽车技术安全对策的基础上，利用近几年飞速发展的电子技术，实现车辆的高智能化。该计划以 21 世纪初实现实用化为目标，以乘用车为对象，在运输省的主导下，共有 9 家乘用车厂家参与，于 1991～1995 年实施第 1 期计划，并开展调查研究工作。

以下将基于 ASV 对先进安全技术进行介绍。

该计划的基本理念是以 21 世纪为目标，在机动车保有量不断增加的背景下，推动老龄化社会进步，实现驾驶人的多样化。在社会大环境的不断变化下，通过 ASV 的开发为交通事故年死亡人数降到 1 万人以下做出贡献。

具体来说，在摩托车、微型车到大型载货车混流行驶的交通现状下，提高交通环境安全最重要的是防患于未然，因此，从人与车相连的人机工程学的角度，利用近几年来迅速发展的电子技术，减轻驾驶人的负担，防患事故于未然是最重要的目标。同时，一旦发生事故，在提高传统的乘员保护性能的基础上，还要考虑行人保护对策、事故自动通报等防止事故发生后灾情扩大的相关对策。

汽车厂家方面，利用电子等先进技术，从"行驶中的主动安全对策""事故回避对策""碰撞时减轻伤害对策""碰撞后防止灾情扩大对策"等方面开展高安全性的研究开发。

交通安全对策需要从人、车、道路环境3个方面，综合地且有计划地实施相关对策。下面以车为中心，对包含基础设施在内的未来技术进行介绍。

本节中发生交通事故之前的安全称为"主动安全"，其中又分为"预防事故"和"回避事故"，事故发生后的安全称为"被动安全"，其中又分为"减轻碰撞伤害"和"防止灾情扩大"。本节将针对ASV开发的安全领域进行说明。

5.2.2 研究开发中的系统

ASV正在研究开发中的系统主要涉及4个领域，其各自领域的系统如图5-46所示。

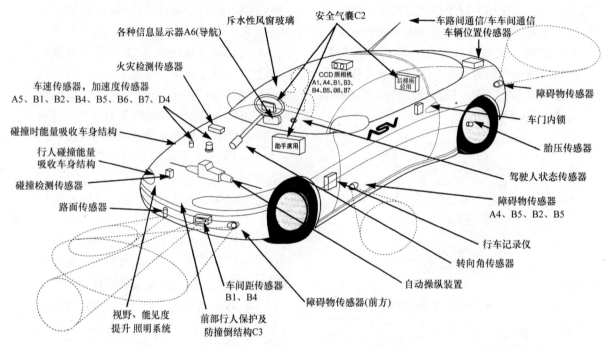

图5-46 ASV概念图（运输省资料）

a. 主动安全对策

利用各种传感器检测驾驶人的状态及行驶环境条件等，并传递给驾驶人，以达到减轻正常行驶时驾驶人的驾驶负担。

系统实例：
① 疲劳驾驶等的警告系统；
② 车辆危险状态监控系统；
③ 确保良好驾驶视野系统；
④ 夜间障碍物感知系统；
⑤ 警告灯自动亮灯系统；
⑥ 拥堵/事故信息、路面情况等导航系统。

b. 事故回避对策

利用各种传感器检测交通情况，遇到危险情况时自动制动或采取回避措施。

系统实例：
① 车间距警告系统；
② 侧后方警告系统；
③ 偏离车道警告系统；
④ 自动保持车间距驾驶系统；
⑤ 自动操作回避事故系统；
⑥ 进入弯路自动减速系统；
⑦ 交叉路口自动停车系统。

c. 减轻碰撞伤害的对策

减轻碰撞时对乘员及行人的伤害。

系统实例：
① 碰撞时吸收碰撞能量的车身结构；

② 乘员保护等技术（安全气囊）；
③ 减轻行人伤害系统。

d. 防止碰撞后伤害扩大对策

防止碰撞后火灾等灾情扩大，迅速且高效地解救乘员。

系统实例：
① 灭火系统；
② 紧急情况门锁解锁系统；
③ 事故发生时自动通报系统；
④ 行车记录仪等驾驶操作记录系统。

5.2.3 各系统的概要

a. 主动安全对策

（i）疲劳驾驶等的警告系统　利用转向角传感器、心跳传感器、CCD照相机等检测转向盘操作、心跳、眨眼及路面白线等，对意识下降、疲劳等情况进行判定，通过声音及显示画面进行警告。

必要时，通过气味和座椅振动等刺激驾驶人，提醒驾驶人适当休息。特殊情况时启动自动制动功能强制车辆停止（图5-47）。

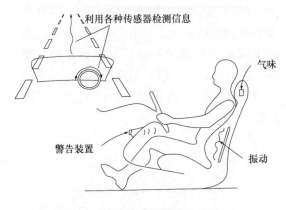

图5-47　疲劳驾驶警告系统

（ii）车辆危险状态监控系统　利用ABS的车轮转速传感器和胎压传感器检测轮胎压力，胎压不足时通过声音及显示画面发出警告。

利用气体传感器和温度传感器检测发动机舱内的烟雾及火灾，并通过声音及显示画面发出警告。

（iii）确保良好驾驶视野系统　前风窗玻璃的斥水涂层能够使附着在玻璃上的水膜聚集成水滴滑落，导电膜涂层能够防止玻璃结霜，提高前方视野可见性。

通过雷达和CCD照相机监测前方（对向车辆、前方车辆、弯路等）情况，根据实际情况调整前照灯配光，达到最佳照明状态。例如，针对对向车辆及前方车辆进行上下方向光束调整，针对弯路进行左右方向的光束调整（图5-48）。

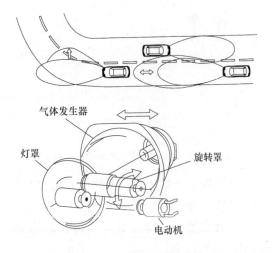

图5-48　调整前照灯配光

CCD照相机设置在前保险杠侧面，将交叉路口等交通比较复杂的情况显示在监视器画面上。

（iv）夜间障碍物感知系统　检测车辆周边的行人、障碍物以及其他车辆等，如有障碍物存在通过显示画面及声音向驾驶人发出警告。

（v）警告灯自动亮灯系统　通过后侧传感器和车速传感器检测与后车的距离及相对车速，当后面车辆不断靠近时，通过声音等向驾驶人发出警告，同时向后车发出光束警告提醒。

为了向外界传达自己车辆的意思及信

息，以下的示意方案正在研究讨论中：

① 当车辆前方右转或者前方有行人时，操作按钮点亮前侧的绿色示意灯，给对方让路。

② 上述①的绿灯点亮时，侧后方的红色示意灯闪烁，提醒告知后方车辆及摩托车等正在给前方车辆及行人让路（图5-49）。

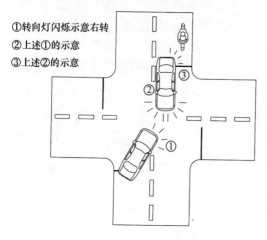

图5-49　向外界传递信息

③ 采取制动操作时，前侧的红灯亮灯，给前方车辆发出警告。

④ 开启警告灯向外界发出即将采取制动操作的警告。

⑤ 自动制动系统启动时，制动灯和警告灯交替闪烁，向外界发出自动制动系统启动的警告。

⑥ 当身体发生异常情况，临时紧急停车时，制动灯、警告灯及前照灯交替闪烁，向外界发出求救信号。

（vi）拥堵/事故信息、路面情况等导航系统　通过信号塔、FM调频及人造卫星等接收路况、天气变化、当前位置、拥堵及事故信息、停车场指引等信息，并显示在显示屏上。

b. 事故回避对策

（i）车间距警告系统　通过毫米波及激光雷达、CCD照相机等计算与前方车辆等障碍物的距离及相对车速，并进行车线识别，当距离过近时会通过声音或画面显示发出警告（图5-50）。

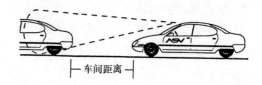

图5-50　车间距警告系统

（ii）侧后方警告系统　通过障碍物传感器检测车辆侧后方靠近的其他车辆，并将其他车辆等信息显示在显示器上（图5-51）。

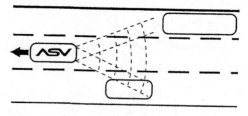

图5-51　侧后方警告系统

当驾驶人无意识地变更车道或者向左右转弯时，会发出声音警告并在显示器上显示其他车辆的信息进行警告。

（iii）偏离车道警告系统　通过CCD照相机检测路面白线，当系统结合车速信息判断车辆偏离车道时，会通过声音等进行警告。当没有采取回归本车道的操作时，系统会自动转向使车辆回归车道中央位置（图5-52）。

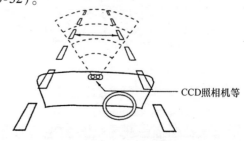

图5-52　偏离车道警告系统

（iv）自动保持车间距驾驶系统　现在车辆定速巡航系统已经相当普及，车辆前侧装有车间距离传感器（雷达等），在与前方车辆保持一定距离的同时，利用电子节气门及发动机制动，跟随前车进行安全的行驶。

（v）自动操作回避事故系统　通过雷达或者 CCD 照相机等检测障碍物，利用计算机预测碰撞的危险性并发出警告。当驾驶人没有采取适当的处置方法时，系统会自动停车或者自动操作转向盘等规避事故（图 5-53）。

当突然出现身体不适的情况时，系统会自动启动制动操作，使车辆停止。

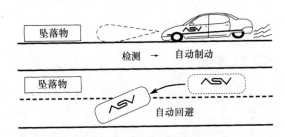

图 5-53　事故回避系统

（vi）进入弯路自动减速系统　通过传感器检测转弯情况、车速以及转向角，利用计算机预测车辆进入弯路时车辆的侧向加速度，当车辆进入弯路的速度过快时会发出警告。如果驾驶人不采取减速措施，系统会自动减速到安全车速（图 5-54）。

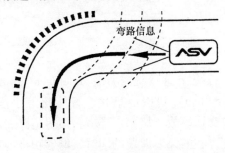

图 5-54　自动减速系统

（vii）交叉路口自动停车系统　通过车辆前侧安装的路面标志检测传感器检测交叉路口附近的标志，当靠近交叉路口时会检索可以临时停车的地点并发出警告。如果驾驶人不采取措施，系统会自动减速停车（图 5-55）。

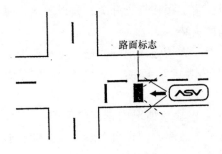

图 5-55　自动停车系统

c. 减轻碰撞伤害的对策

（i）碰撞时吸收碰撞能量的车身结构　提高车辆前部碰撞能量吸收性能，增加车门高强度结构及碰撞缓冲块等结构，减小车内变形量，确保侧面碰撞时乘员的生存空间，减轻乘员伤害。

（ii）乘员保护等技术（安全气囊）　检测车辆前方及侧面的碰撞，利用计算机检测碰撞部位及碰撞程度，展开气囊或启用预张紧安全带，缓和碰撞对乘员的冲击。通过碰撞感知传感器检测碰撞，强制采取制动措施，控制碰撞时车辆的移动，减少多次碰撞。

（iii）减轻行人伤害系统　关于行人事故预防和减轻伤害，正在研究可行的方法及有效的对策手段。

通过行人碰撞感知传感器检测与行人的碰撞，展开发动机罩上安装的安全气囊，用以保护行人的头部（图 5-56）。

图 5-56　减轻行人伤害系统

d. 防止碰撞后伤害扩大的对策

（i）灭火系统　当火灾警告系统发出警

告时，乘员操作灭火开关，自动扑灭发动机舱内的火势。

万一火情无法消除而进一步蔓延时，发动机罩锁自动解锁，辅助外界进行灭火操作。

（ii）紧急情况门锁解锁系统　当检测到碰撞事故时，门锁自动解锁，方便解救车内乘员。

（iii）事故发生时自动通报系统　当检测到碰撞事故时，利用车载电话等第一时间向控制中心发出事故信息，根据需要发出急救车出险请求（图5-57）。

（iv）行车记录仪等驾驶操作记录系统

类似飞机的飞行记录仪，记录车辆发生事故前后的各种车辆信息（车速、车辆G、制动系统ON/OFF等），应用于事故原因调查中（图5-58）。

行驶过程中持续记录相关信息，按记录顺序覆盖最旧的信息，仅保留当次事故发生前后的记录。

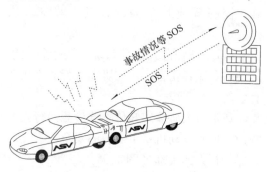

图5-57　自动通报系统

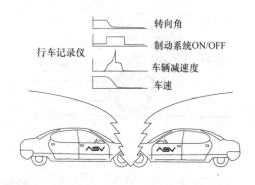

图5-58　驾驶操作记录系统

5.2.4　小结

本节对未来技术中各公司的主流开发系统进行了介绍。

不过相关的监控技术等的可靠性尚待提高，各种基础设施的完善和法规事项也需要进一步研讨。

考虑到减轻用户所负担的系统的价格、基础设施完善费用以及减少死伤人数效果等，未来需要能够适应社会要求且行之有效的方法及系统不断被开发出来。

5.3　安全的汽车社会

5.3.1　前言

交通事故中涉及的要素包括人、车辆及道路（行驶环境）。以往的安全对策中，包括提升碰撞安全、制动系统、操纵稳定性等车辆性能，完善信号设施、标识及人行道等安全设施，实施包含行人在内的驾驶技术、规则等安全教育。而不论什么样的安全措施，都离不开人、车及道路的相互协调。

现在，对于实现未来的安全汽车社会，基于道路交通系统的信息化、智能化的观点，人、车及道路相协调的智能化交通系统的研究开发正在全世界范围开展。

5.3.2　智能交通系统

智能交通系统（ITS：Intelligent Transport System）利用信息化、智能化等手段，解决交通事故、堵塞、环境污染等道路交通系统存在的诸多课题同时，能够积极地对应今后越来越发达的信息化社会及老龄化社会。ITS利用各种传感器、通信、控制及信息处理等电子技术，与传统技术、道路建设及设施等行驶环境的完善相辅相成，构成了新一代道路交通系统的核心。

如图5-59所示，ITS大致涵盖5个领域的内容。主要领域为信息提供、行驶控制及交通管理。物流管理和公共交通属于较特别的应用实例。

图 5-59　ITS 研究开发领域

a. 信息提供领域

信息提供是指向驾驶人或旅行者等提供道路交通信息、公共交通信息、道路形状、气象信息、停车场及观光地向导、黄页等各种各样的信息，以此来帮助驾驶及旅行者。

通过提供各种信息，实现安全顺畅的驾驶、选择到达目的地的最佳交通方式、设定目的地及路径和根据交通情况推荐路径等。安全性方面，系统会推荐路径防止迷路等，提供结冰路面及弯路等安全信息，以及防止追尾或碰撞事故车辆及坠落物体的信息。

b. 行驶控制领域

行驶控制的主要功能是对己方车辆及行驶环境的具体情况进行识别判断，然后发出警告并进行控制。依据车辆不同的状态（行驶、转弯、停止）采取相应的操作措施，实现安全顺畅的驾驶。

该领域内的应用以驾驶辅助系统为主，主要包括车辆及驾驶人的安全监控、提供安全信息、监控周边车辆、车间距警告及防追尾、防止车辆偏离车道及误驶出车道等。另外，还有行驶控制技术集大成者——自动驾驶。

c. 交通管理领域

该领域的主要目的是为实现顺畅的道路交通环境，有效地利用道路交通资源，目标对象以辅助道路交通及停车场管理为中心。

实际应用方面，有事故、堵塞等道路交通情况监控、信号控制、高速公路自动收费、交通流疏导及分配、停车场管理等，也包含交通需求管理及紧急事态管理等项目。

信息收集、提供以及相关的交通流变化等与信息提供相关的交通管理功能是今后重要的研究课题，需要进行一体化系统的不断开发和完善。

d. 物流管理领域

主要涵盖以载货车为中心的辅助货物运输管理，包括载货车辆的配车管理、货物管理、集配货物、推荐路径设置、路径导航等。另外物流中心、城市地下及城间专用新物流系统也包含在此范畴内。

物流约占道路交通的 40%，另外，车辆以大型车辆为主，相应的对道路交通的影响也大，改善效果更加明显。

e. 公共交通领域

公共交通主要包括公交车、出租车等公共交通，以及急救车、消防车、警车等紧急车辆，主要用于辅助事业管理人员及驾驶人。

主要应用领域为配车管理、设定推荐路径及路径导航、需求管理等，另外公共车辆有线信号、合乘规章制度等也包含在该范畴内。

5.3.3　ITS 的研究开发动向

如图 5-60 所示，以日美欧国家和地区为中心积极推进着 ITS 的研究开发活动。

ITS 的研究开发对象最早是在 20 世纪 70 年代于日美欧兴起的利用 CACS、ERGS、ALI 等车路间通信的路径导航系统。CACS 开发实施了大规模的实验。

此后，随着电子技术的不断发展，发动机控制、牵引力控制、导航系统等具有先进功能的车载设备相继走入市场，80 年代中期开始，新领域的开发逐渐兴起。

以下将对日美欧最近时期的研究开发动态及国际性活动进行介绍。

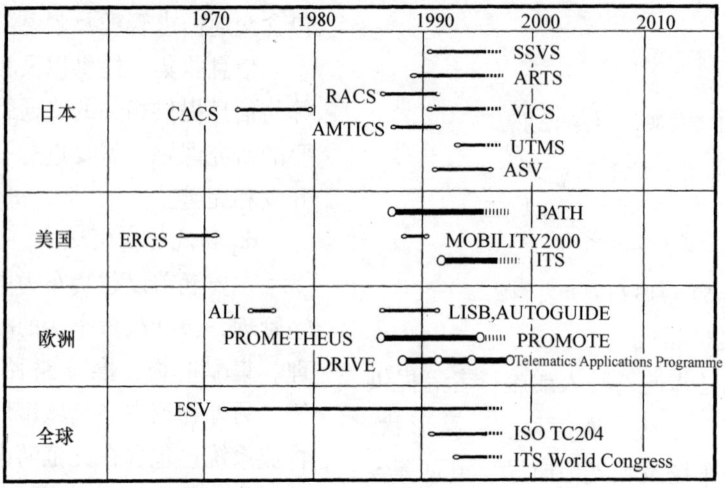

	1970	1980	1990	2000	2010
日本	CACS	RACS AMTICS	SSVS ARTS VICS UTMS ASV		
美国	ERGS		PATH MOBILITY2000 ITS		
欧洲		ALI PROMETHEUS DRIVE	LISB,AUTOGUIDE PROMOTE Telematics Applications Programme		
全球	ESV		ISO TC204 ITS World Congress		

ALI：Autofahrer Leit und Informations System (驾驶人引导与信息系统)
AMTICS：Advanced Mobile Traffic Information and Communication System (新汽车交通信息通信系统)
ARTS：Advanced Road Transportation System (新一代道路交通系统)
ASV：Advanced Safety Vehicle (先进安全汽车)
CACS：Comprehensive Automobile traffic Control System (汽车综合控制系统)
DRIVE：Dedicated Road Infrastructure for Vehicle safety in Europe (欧洲车辆安全专用道路设施)
ESV：Experimental Safety Vehicle (实验安全车辆)
ITS：Intelligent Transport System 美国：Intelligent Transportation System (智能交通系统)
LISB：Leit-und Informations System Berlin (柏林引导与信息系统)
PATH：Partners for Advanced Transit and Highways (高级交通与高速公路伙伴计划)
PROMETHEUS：PROgraMme for a European Traffic of Highest Efficiency and Unprecedented Safety (欧洲高效安全交通项目)
PROMOTE：PROgramme for Mobility in Transportation in Europe (欧洲交通车辆项目)
RACS：Road/Automobile Communication System (路车间通信系统)
SSVS：Super Smart Vehicle System (超级智能汽车系统)
UTMS：Universal Traffic ManagementSystem (通用交通管理系统)
VICS：Vehicle Information and Communication System (道路交通信息通信系统)

图 5-60　ITS 相关的主要项目、系统

a. 美国的研发动向

20 世纪 80 年代末期, 为解决道路交通存在的诸多问题, 政府开始提倡鼓励 ITS 的研究开发。1991 年, 美国提出《陆上综合运输效率化法》(ISTEA：Intermodal Surface Transportation Efficiency Act of 1991), 其中批准了 6 年内 ITS 相关研究开发预算为 6.6 亿美元的提案, 目前, 以运输省的联邦道路管理局 (FHWAL：Federal High Way Administration) 为中心开展相关活动。另外, 运输省与 ITS 相关的普通预算也随之骤增, 再加上军需产业转型、信息超级通道构想等, 美国在 ITS 领域每年投入的资金达到数百亿美元之多。

1990 年美国成立运输省咨问机关——ITSAmerica (Intelligent Transportation Society of America), 下设了交通管理、信息提供、行驶控制、商用车管理、公共交通、交线交通等技术委员会, 进行研发课题及战略/战术计划的制订工作。目前正在推进中的 ITS 计划有数百个研发项目。

另外, 为了促进 ITS 研发及普及工作, 针对反映用户服务需求的全美项目计划及全美范围的互换性与系统间相互关系的系统架构、ITS 技术/应用/服务等，进行了超过 80 次的室外评价试验。表 5-2 为美国 ITS 计划中的用户服务分类。

表 5-2 美国 ITS 计划的用户服务分类

服务领域	用户服务
旅行、交通管理	1. 路面驾驶信息 2. 路径导航、指引 3. 旅行服务信息 4. 交通管理 5. 事件管理 6. 尾气测量及减排
交通需求管理	7. 事前旅行信息 8. 合乘匹配及预约 9. 交通需求管理及应用
公共交通管理	10. 公共交通管理 11. 公共交通机关信息 12. 面向个人的公共交通机构 13. 公开旅行安全监控
电子缴费	14. 电子缴费服务
商用车管理	15. 商用车电子手续 16. 自动路况安全监控 17. 车载安全监控 18. 商用车管理手续 19. 危险物品事故应对 20. 货物管理
紧急管理	21. 紧急通报及个人安全监控 22. 救急车辆管理
车辆控制、安全系统	23. 防止追尾 24. 防止偏离车道 25. 防止交叉路口碰撞 26. 视觉辅助回避碰撞 27. 安全监控、警告 28. 碰撞前的乘员约束 29. 自动驾驶系统

有关安全的课题主要集中在行驶控制领域，研发内容主要有防止碰撞及追尾、防止偏离车道、辅助驾驶、自动驾驶等。其中自动驾驶系统（AHS：Automated Highway System）于 1997 年进行了 AHS 示范性试验，2002 年确定了 AHS 的基本规格。

b. 欧洲的研发动向

欧洲开启了 PROMETHEUS 计划和 DRIVE 计划 2 个车辆相关项目。另外为协调促进 ITS 的普及，于 1992 年成立了 ERTICO（European Road Transport Telematics Implementation Coordination Organization：欧洲智能交通协会）。

（i）PROMETHEUS 计划　PROMETHEUS 计划以 1986～1994 年 8 年间的交通高效化和交通安全为目标，由汽车厂家等非政府机构主导实施。投资总额约 1100 亿日元的项目最终报告会于 1994 年召开，对计划的研究成果 CED（Common European Demonstration）进行了介绍。CED 项目见表 5-3。该计划主要是从提高车辆安全性方面开展研究的。

目前正在讨论策划新的 PROMOTE 计划。

（ii）DRIVE 计划　DRIVE 计划作为 EC 委员会研发基本计划的重要一环，在 1989～1994 年实施 DRIVE 计划Ⅰ、Ⅱ及 2 期计划，总投资额达到了约 600 亿日元。DRIVE 计划从道路交通基础设施的应用、整备方面着手开始推进，计划前半程主要进行基础研究，后半程以室外试验为主。DRIVE 计划Ⅱ主要进行交通需求管理、提供旅行及交通信息、市内及城间综合交通管理、物流管理、公共交通管理各领域内与安全相关的驾驶辅助及协调行驶方面的研究开发工作。

下一步的行动计划主要围绕通信领域应用计划（Telematics Applications Programme）中交通领域的应用展开研发工作。

表 5-3　PROMETHEUS 计划的 CED 项目

CED 项目	主要研发项目
<安全驾驶>	
CED1 视觉辅助	紫外线照射、红外线照相机、防眩目系统等
CED2 合理车辆控制	路面摩擦测量、危险警告、行驶控制等
2-1 路面摩擦与车辆举动	路面标志检测、偏离车道警告及防偏离控制
2-2 辅助车道保持	利用红外线测量视线距离及进行速度控制等。
2-3 检测视线距离	检测疲劳状态、监控驾驶人操作等
2-4 驾驶人状态检测	
CED3 防止碰撞	检测、警告并回避障碍物及前方车辆等
<协调行驶>	
CED4 协调行驶	路车间及车车间通信、位置测量、车辆间协调等
CED5 车间距控制	基于车间距及法定速度等的速度控制
CED6 事故自动通报	事故自动通报、向后方车辆传达等
<旅行、运输管理>	
CED7 物流车辆管理	货物管理、车辆管理、规则计划、卫星通信等
CED9 双模式路径导航	车载设备、交通中心路径指导
CED10 提供旅行、交通信息	利用 RDS-TMC 及移动电话、停车场导航等
<室外试验>	
CED8 室外试验	(欧洲各城市、路线、地区进行试验)

c. 日本的研发动向

信息提供领域：在 CACS 的基础上，继续 RACS 和 AMTIC 的研发工作，并向进一步提供道路交通信息的 VICS 发展，1996 年 4 月已经在东京都圈的一都三县开始服务。

交通管理领域：20 世纪 70 年代开始完善并扩建交通管制中心、开发旅行时间测量及事故检测等技术。目前正在开发新的交通管理系统 UTMS，利用双向车路间通信及图像处理技术收集并提供信息，进行信号控制。

未来的交通系统研发以 SSVS 和 ARTS 为主。SSVS 以 20~30 年后的汽车交通系统为蓝图，对未来的车车间通信及周边监控技术进行开发。另外 ARTS 主要研究人、车、道路一体化的未来系统，进行自动缴费及车与车间接控制的开发。

另外随着汽车的高智能化，也在推进 ASV 等提高车辆安全性的活动。

1994 年成立了道路、交通车辆智能化推进协会（VERTIS：Vehicle, Road and Traffic Intelligence Society），旨在推进国际交流及日本蓝图计划的研究等。

d. 全球的研发动态

ITS 的全球性活动有 ISO 和 ITS 世界会议。

(i) ISO　1993 年 ISO TC204 的春季会议上提出并开始交通信息、控制系统（TICS：Transport Information and Control System）的国际标准化活动。表 5-4 为相关的活动内容。

(ii) ITS 世界会议　第 1 次 ITS 世界会议于 1994 年 11 月在法国巴黎召开，此后每年在日美欧 3 个国家和地区轮流召开，1995 年召开地点在日本横滨，1996 年选在了美国佛罗里达州的奥兰多。VERTIS、ITS America 和 ERTICO 分别担任 3 个地区的事务局。

ITS 世界会议除了发布和展示 ITS 的相关技术以外，还负责组织各国政府代表或者企业高层构成的研发及普及促进会议。

表 5-4　ISO TC204 活动

WG	工作项目	主席国
WG1	架构	英国
WG2	质量、可靠性	美国
WG3	数据库	日本
WG4	车辆自动识别①	—
WG5	缴费	荷兰
WG6	货物运行管理	美国
WG7	车辆通行管理	加拿大
WG8	公共交通	美国
WG9	交通管理	澳大利亚
WG10	旅行者信息	英国
WG11	导航、路径指引	德国
WG12	停车场管理②	—
WG13	人机界面	美国
WG14	车辆控制	日本
WG15	窄带通信	德国
WG16	宽带通信	美国

① 1993.6 整合为 WG1。
② 休会。

5.3.4　与安全相关的 ITS 系统

从安全性角度来看，ITS 可以归类于广义的驾驶辅助系统。

利用 ITS，可以防止驾驶人在驾驶过程中错误的认知、判断及操作，并能够提供视觉范围以外的信息、降低反应时间延迟、回避危险等，实现更高级的认知、判断及操作功能。特别是在反应时间延迟这一点上，在事故发生前 1s 采取回避事故操作，能够防止 90% 的追尾及交叉路口事故，避免 60% 的正面碰撞，通过信息提供和行驶控制，能够大大提高车辆的安全性。另外，对于事故发生后的自动事故通报及急救车指引系统等也能够更进一步提高安全性能。

下面对安全相关的 ITS 系统进行介绍。

a. 安全信息提供系统

为驾驶人提供车辆前方的行驶信息，以达到传递危险状态和避免不安全行为的目的。

如表 5-5 所示，能够利用表中信息提醒驾驶人注意，以及对障碍物及违规行为发出警告。另外，根据车辆的行驶状态，判断并警告危险状态，一旦存在临时停车、急转弯以及障碍物等危险程度较高的情况，能够进行行驶控制。

表 5-5　主要安全信息项目

信息种类	信息项目
道路交通信息	事故、工程、堵塞、坠落物等
道路形状	弯路、坡路、中央隔离带等
路面情况	台阶、车辙、结冰等
气象信息	雾、风、暴雨、降雪等
法规信息	速度、临时停车、行进方向法规等
信号信息	红灯、推荐车速等

b. 驾驶人安全监视系统

检测疲劳状态、注意力不集中、病痛、饮酒等驾驶人异常情况是确保安全行驶的重要课题。目前正在进行图像解析、转向操作等的检测方法研究，酒精度检测等部分系统已经实现产品化。

另外可对驾驶人异常情况进行检测，根据具体情况自动停止车辆或呼叫急救车等系统也正在研讨中。

c. 自动事故通报、事故处理管理系统

自动向后方车辆及急救中心等通报事故情况，防止多重事故的发生，并进行急救车辆及事故处理车辆的准备及管理。

针对弯路及隧道等特定地点，基于图像解析的事故检测基础设施系统已经实现产品化，向后车传递的信息显示在可变显示板上。

目前正在推进基于车载系统的事故监测、向急救中心通报信息、路车间及车车间通信等信息传递相关的研究。

d. 视觉辅助系统

视觉辅助系统有视觉加强系统和死角信息辅助系统。

视觉加强主要用来帮助改善夜间及雨雾天等恶劣环境时的视线。例如紫外线照明系统利用了反射板及衣服等的荧光。红外线照相机能够清楚地看见前方的影像（夜视），并能够检测人体温度，如图5-61所示。

死角分为车辆周边死角和弯路盲区、交叉路口等死角。后视镜、超声波传感器测量、画面显示等车辆周边死角信息辅助系统已经实现了产品化。弯路盲区死角辅助系统方面，为了避免弯路盲区对向车辆相撞，利用车辆传感器向对向车辆发出警告、基于影像的事故监测、警告等基础设施系统已经实现了产品化。另外，关于基于路车间通信把握车辆靠近情况以及基于车车间通信进行车辆间信息交换的研究也在积极开展中。

图5-61　基于红外线照相机的视觉辅助系统

e. 车辆间距控制系统

基于己方车辆速度、与前方车辆的距离、前方车辆车速等条件对追随行驶状态进行判断，发出车间距警告、维持并控制安全车间距离。另外，在检测障碍物、警告及回避碰撞控制方面也有所应用。

在该领域内，已经成功开发多种车载设备。基于雷达、图像解析的车间距测量警告系统已经部分实现产品化，美国的灰狗公司（Greyhound Lines, Inc.）经过反复的长途汽车道路试验后确认了系统的有效性。另外，作为巡航控制系统的升级版，车间距保持/控制系统也进入了实用化阶段。

f. 防止偏离车道系统

根据道路情况、路面情况、己方车辆的行驶状态等，判断是否在车道内行驶或者是否能够继续行驶，并进行警告和控制。

应用形式分为2种，一种是在直线路面，防止驾驶人在无意识情况下偏离车道。此种情况中，识别己方车辆位于车道或道路的什么位置非常重要，利用图像解析检测路面白线系统、将感应电缆及磁力线圈埋入地下，通过磁感应传感器检测具体位置的检测系统正在积极研发中。

另一种是在弯路及交叉路口（左右转时）等，防止脱离行驶道路或行驶车道的弯路驶入速度警告控制系统。此种情况下的道路情况、路面情况等信息收集和己方车辆的位置关系非常重要。

g. 协调行驶系统

在进行车道变更、超车、驶入/驶出等操作时，根据周边车辆的位置信息及控制信息等判断危险状态并发出警告，同时提示安全的操作方法。在危险程度较高时自动进行行驶控制。

驶入及驶出时，有时候能够根据道路基础设施等进行判断。另外，也在开发通过识别判断本车道的交通情况，对驶入时的速度进行提示的系统。

进行车道变更及超车时，需要通过车载设备把握车辆周边的信息，目前针对基于激光、超声波、图像解析等手段进行测量的系统以及基于车车间通信进行车辆间信息交换的系统正在研发当中。

h. 自动驾驶系统

自动驾驶的基本技术是识别判断己方车辆位置及周边情况，进行速度和转向控制，可以说是此前介绍的各种系统识别、控制技术的终极集合体。

对自动驾驶的研发由来已久，历史可以追溯到20世纪50年代后期，最初是在地面下埋设感应线缆，利用感应线缆实现自动操纵。从70年代后期开始从图像解析着手，对自律型自动驾驶车辆进行研究。80年代后期开始，随着传感器、控制、通信等电子技术的飞速发展，各种形式的自动驾驶研究开发活动不断涌现，部分应用技术已经实现了产品化。

图5-62所示是奔驰公司开发的利用18个照相机进行图像解析的自动驾驶车辆VITA II的驾驶人视角景色。自动驾驶从技术的角度来说是可以实现的，不过要想达到实用化的目的，还要在提升复合系统的可靠性、基础设施/车辆/驾驶人分工、人机界面以及自动驾驶车辆与普通车辆混流的交通环境进行不断深入的研究与开发。

5.3.5 小结

以未来实现安全的汽车社会为目标，日美欧等国家和地区在积极推进智能交通系统的研发工作，部分功能已经进入了实用化阶段。

智能交通系统利用传感器、通信、控制及信息处理等电子技术，推进人、车、道路的协作以及信息化和智能化的发展，并与传统技术相辅相成，将成为未来社会全新的安全交通系统核心。

[平山正广]

图5-62　VITA II 的驾驶人的视角景色

参 考 文 献

[1] 渡部隆典：前照灯の動向と光源，平成3年電気・情報関連学会連合大会論文集（1991）
[2] 伊藤信衛ほか：マルチカラーEL表示器，自動車技術会年秋季大会学術講演会前刷集，No. 946, p. 113-116（1994）
[3] L. Evans : Traffic Safety and the Driver, New York, Van Nostrand Reinhold, p. 92-94（1991）
[4] 芳賀繁：リスク・ホメオスタシス説，交通心理学研究，Vol. 9, No. 1, p. 1-10（1993）
[5] 藤波宏明ほか：操舵特性とドライバフィーリングの関係について，TOYOTA Technical Review, Vol. 45, No. 1（1995. 5）
[6] 毛利宏ほか：車両操安性の違いがドライバの運転ストレスに及ぼす影響の検討，自動車技術，Vol. 48, No. 12, p. 30（1994）
[7] 地平の向こうのメルセデス，CAR GRAFIC 12, p. 155（1994）
[8] 山本真規ほか：ブレーキ制御による限界旋回での車両安定性向上，日本機械学会第3回交通・物流部門大会講演論文集，p. 367
[9] A. Th. van Zanten et al.：VDC, The Vehicle Dynamics Control System of Bosch, 1995 SAE International Congress
[10] 田久保宣晃ほか：道路線形と交通事故の関連性について，科学警察研究所報告交通編，Vol. 32, No. 2（1991. 11）
[11] U. Franke et al.：The Daimler-Benz Steering Assistant a Spin-off from Autonomous Driving, Intelligent Vehicles Symposium Proceedings, IEEE（1994）
[12] トヨタ交通環境委員会：衝突安全，自動車と安全，p. 21（1990）
[13] I. Planath et al.：Severe Frontal Collisions with Partial Overlap Significance, Test Methods and Car Design, SAE Paper 930636
[14] W. J. Witteman et al.：Requirements for Optimized Crashworthiness Design of the Longitudinal Members, The 14th ESV Conference（1994）, 94-S8-W-24
[15] A. Toyama et al.：Numerical Analysis of Vehicle Frontal Crash Phenomena, SAE Paper 920357
[16] T. Sakurai et al.：Study on a Vehicle Body Structure for Passive Safety, The 14th ESV Conference（1994）, 94-S8-O-03
[17] J. Ivarsson et al.：Enhancing occupant safety with SIPS, Technology Report, No. 1, p. 8-17（1993）
[18] J. A. Bloch et al.：Introduction of Compatibility in the Development of a Frontal Impact Test Procedure, The 14th ESV Conference（1994）, 94-S4-O-15
[19] G. Vallet et al.：A Contribution to the Analysis of Aggressivity in Frontal Collisions, The 14th ESV Conference（1994）, 94-S8-O-08
[20] K. Hayano et al.：Test Procedures for Evaluating Out-of-Position Vehicle Occupant Interactions with Deployed Airbags, The 14th ESV Conference（1994）, 94-S1-O-19
[21] E. Gillis et al.：Occupant Position Sensing Systems : Functional Requirements and Technical Means, SAE Paper 932915
[22] B. W. Smith et al.：SMART^{TM} Airbag System, The 14th ESV Conference（1994）, 94-S4-O-11
[23] E. T. Crouch：Evolution of Airbag Components and Materials, SAE Paper 932912
[24] U. Schulte et al.：Theoretical Optimization Study of an Airbag System, The 14th ESV Conference（1994）, 94-S4-O-20
[25] H. A. Lupker et al.：Gas Jet Model for Airbag Inflators, SAE Paper 930645
[26] Auf den Kopf gefallen, Automobil Industrie, Vol. 5, p. 37（1994）
[27] T. Turbell et al.：ISOFIX-A New Concept of Installing Child Restraint in Cars, SAE Paper 933085
[28] R. W. Lowne et al.：The development of a United Child Restraint-to-car Attachment System ; A contribution to the ISOFIX discussions, The 14th ESV Conference（1994）, 94-S10-

O-02

[29] J. Pedder et al.: Development of the CANFIX Infant and Child Restraint/Vehicle Interface System, 38th Stapp Car Crash Conference Proceedings, p. 235-244 (1994)

[30] J. Kessler et al.: NHTSA Pedestrian Head Injury Mitigation Research Program-Status Report, The 12th ESV Conference Proceedings, p. 1226-1237 (1989)

[31] J. Harris: Pedestrian Impact Protection, The 12th ESV Conference Proceedings, p. 1226-1237 (1989)

[32] J. Harris: Proposals for Test Methods to Evaluate Pedestrian Protection for Cars, The 13th ESV Conference Proceedings, p. 293-301 (1991)

[33] K. Kumagai et al.: Development of Measuring System for External Forces Applied to Dummy and for Energy Absorption, The 14th ESV Conference (1994), 94-S4-O-04

[34] E. Abramoski et al.: High Chest Accelerations in the Hybrid III Dummy Due to Interference in the Hip Joint, SAE Paper 942224

[35] M. Haffner et al.: Progress in the Development of New Frontal Dummy Components for the NHTSA Advanced Frontal Protection Program, The 14th ESV Conference (1994), 94-S10-O-12

[36] H. Kato et al.: Feasibility Study of Optical Deflection Sensing System in the AATD Thorax, The 14th ESV Conference (1994), 94-S1-W-21

[37] S. Henson et al.: Comparison of BIOSID and EUROSID 1 Dummies in Full-Vehicle Crash Tests, SAE Paper 940563

[38] K. H. Yang et al.: Finite Element Modeling of Hybrid III Head-Neck Complex, SAE Paper 922526

[39] D. Maurer et al.: Advances in Side Impact Simulation Procedures, The 14th ESV Conference (1994), 94-S6-W-24

[40] G. Krabbel et al.: Development of an Anatomic 3-D-FEM-Model of the Human Head Utilizing CT-Data, The 14th ESV Conference (1994), 94-S1-O-12

[41] G. R. Plank et al.: Finite Element Modeling and Analysis of Thorax Restraint System Interaction, The 14th ESV Conference (1994), 94-S1-O-16

[42] IVHS AMERICA: Strategic Plan for Intelligent Vehicle-Highway Systems in the United States (1992.5)

[43] ITS America: IVHS Architecture BULLETIN 2 (1994.9)

[44] PROMETHEUS: Experience PROMETHEUS Results (1994.10)

[45] CEC DG XIII: Research and Technology Development in Advanced Road Transport Telematics-DRIVE 1992 (1992.4)

[46] K. Enke: Posibilities for Improved Safety within the Driver-Vehicle-Environment Control Loop, 7th International Technical Conference on ESV, p. 789 (1979)